Edda Vidiz

TRIESTE 1719

QUANDO GLI ASBURGO
SCOPRIRONO IL MARE

White Cocal Press

In copertina
Disegno di **Bernardino Not**

Direttore editoriale
Diego Manna
www.mononbehavior.com

Edito da
White Cocal Press
via Biasoletto 75
34142 Trieste
manna@bora.la

Con il patrocinio di

www.13casade.com
www.eddavidiz.com

Prima edizione: settembre 2019
ISBN 978-88-31908-19-1

*Dedicato a tutti quelli
che amano Trieste
per quello che era,
per quello che è,
per quello che sarà:
una cità che se no la xe
unica al mondo
poco ghe manca.*

PREMESSA

Il primo millennio della nostra città è zeppo di battaglie, incursioni e assedi che un gruppetto di audaci, pugnaci e cocciuti triestini hanno affrontato, per colpa o per caso, senza rendersi conto di essere sempre indietro di forze, aiuti e vittorie nei confronti dell'acerrima nemica Venezia & Company. Però, guarda là... il leone di Venezia si è consumato zanne e artigli, e la piccola battagliera Trieste? Dopo tutti i mugugni, lagne e piagnistei sta tuttora diventando sempre più indomita, vivace e inghirlandata che mai! Nooo, non dico altro... io, qui, devo viverci!

Perché è ormai accertato che la storia può avere momenti di smemoratezza e persino di mistificazioni, ma lascia tracce indelebili che non si possono cancellare e, seppur tardivamente, la realtà torna sistematicamente a galla: è passato un secolo ma finalmente si può discuterne dato che, mai come in questi ultimi anni, la saggistica e la pubblicistica sul passato della nostra città è stata così ricca e vivace.

E così, anch'io, quale cittadina di questa arzigogolata città, ho voluto cimentarmi nel perché e per come si sia sviluppato il nostro *punto franco* -uno degli eventi storici più importanti per lo sviluppo di Trieste- trovandomi impegnata a incastrare tessera dopo tessera gli episodi più significativi nel succedersi degli eventi riportati dai tanti storici *autentici* che, mi auguro, sapranno perdonarmi dall'aver attinto anche alle loro fonti.

Così, lancia in resta, parto da un punto fondamentale quanto delicato della nostra storia: quello che, piuttosto di cadere sotto le grinfie di San Marco, ha visto la piccola imprevedibile Trieste mettersi sotto le ali della gallina con due teste.

Ma come mai i triestini hanno scelto, di propria sponte, la protezione dell'Austria e non quella di Venezia, dei Carrara, dei Visconti o del conte di Gorizia o del re d'Ungheria o quella di chi più vi aggrada?

Va da sé che -dopo la Guerra di Chioggia e la pace di Torino[1]- la piccola indomita città-stato di Trieste era rimasta completamente sola e alle prese di "chi la vuole, è bravo" dato che, ben conoscendo la testardaggine dei cittadini, nessuno voleva prendersi sulla groppa una tal gatta da pelare.

Al congresso di Torino, la città era stata riconosciuta come parte del Friuli ma, non potendo fare di meglio, l'avevano lasciata libera di scegliersi il suo destino; per quanto tutti, triestini compresi, erano certi che Venezia se la sarebbe ben presto risucchiata, tanto più che la Serenissima si stava sempre più allargando sulla terraferma.

Fra tutte le possibilità discusse e ridiscusse dai triestini -anche in casa l'un contro l'altro armati- la scelta era caduta sul duca d'Austria Leopoldo III, detto il Lodevole, giudicato a "spanne" cioè abbastanza lontano da non capitare sempre fra i piedi a rompere le scatole e disposto a rispettare gli antichi privilegi della nostra città, primo fra tutti quelli di farsi da sola le proprie leggi.

---

1. Queste notizie e altre precedenti sono incluse nel volume: Edda Vidiz, *La Grande Svolta della dedizione di Trieste al Duca Leopoldo d'Austria*, Volume 4 (con allegato DVD) della collana Palcoscenico Triestino, Luglio Editore, Trieste, 2011)

Infatti, *"Nel 1382, Trieste, che aveva visto alternarsi una serie di periodi di libertà intervallati da rovinosi assedi da parte dei veneziani, ritenne saggio affidarsi alla protezione di un "signore" che presentava delle caratteristiche peculiari e perciò potenzialmente favorevoli alla città. Sembrava ai triestini che questo potente, nel 1382 impersonato da Leopoldo III, fosse il meglio che si potesse scegliere.*

Leopoldo appariva sicuramente come un potente in grado di tenere a bada i veneziani in terra ferma, dove non erano all'altezza delle loro tradizioni militari marinare, e abbassare le ambizioni del Patriarca il cui potere stava inesorabilmente scemando. Leopoldo era abbastanza lontano, oltre le alpi Giulie, da non poter esercitare un dominio diretto sulla città come invece potevano ed avevano fatto veneziani e patriarchini.

Trieste, il suo Consiglio Maggiore e i suoi Giudici Rettori decisero che la scelta andava fatta e fatta presto. Come convincere Leopoldo III che accettare la dedizione della città sarebbe stato per lui un buon affare? Avrebbe Leopoldo accettato di proteggere una città difficile, capace di resistere per mesi ad uno dei più potenti eserciti del mondo? Occorreva trovare un mediatore, qualcuno che avesse dei rapporti di vassallaggio col duca ma che fosse pure un suo intimo collaboratore. Doveva, costui, conoscere bene la situazione locale per presentare al duca un'ambasceria che gli fosse gradita.

L'unico ad avere le caratteristiche necessarie per fare da mediatore tra il Dominium tergestino e l'Asburgo era Ugone, conte di Duino. Ugone si trovava nella posizione perfetta: era un ottimo amico del duca al quale aveva tolto più di un sassolino dalla scarpa. I duinati erano, come si diceva, in una posizione speciale grazie al loro castello che costituiva la chiave di volta dell'intero golfo di Trieste, avevano rapporti con tutti i potenti locali ed

7

erano anche politici abilissimi, non era stato facile, in-
fatti, tenere il castello in mezzo alla caotica e pericolosa
situazione delle nostre terre, occorreva sapersi muovere
con tatto ma anche con estrema fermezza. I tergestini
non potevano scegliere appoggio migliore.

Preso contatto con Ugone, i tergestini ottennero da lui
un'adesione immediata e una raccomandazione presso
il duca. Poterono perciò inviare in Austria una delega-
zione e trattare un accordo."

Ma perché Trieste era tanto ansiosa di uscire dal
Friuli? Perché i triestini sapevano bene che -in balia
di due partiti, uno che teneva per il patriarca e l'altro
che gli dava addosso con tutte le sue forze- la Patria
del Friuli stava andando a rotoli. I friulani erano, senza remissione, in tremende lotte intestine, senza contare che quelli con l'appoggio di Venezia avevano la
vittoria in tasca e così, se la nostra città fosse rimasta
'friulana', come deciso a Torino, in capo a pochi anni
sarebbe stata nuovamente fagocitata dalla Serenissima senza colpo ferire, come effettivamente accadde
per il territorio friulano.

Di certo chi giudica la dedizione di Trieste all'Austria come un tradimento si dimentica che, a quel tempo, nessuno avrebbe potuto scegliere l'Italia, perché
l'Italia era solo una definizione geografica e non politica, tanto che -grazie a Cavour, Garibaldi e Mazzini-
diventerà Regno appena 489 anni più tardi, nel 1861.
Sul suolo italiano, a quel tempo, esistevano invece diversi Stati, Staterelli e città-stato come Trieste; chi più
chi meno tutti quanti nemici fra loro e sempre pronti
a massacrarsi l'un l'altro.

Non senza aver prima lasciato gli ansiosi ambasciatori a macerarsi per diversi mesi a Graz, alla fine Leopoldo si convinse ad accettare la richiesta dei triestini

di diventare il Signore di Trieste e, alleluja! Il 30 settembre 1382 dettò e firmò l'accettazione della Dedizione di Trieste alla Casa d'Austria. La lettera di Leopoldo è lunga e tortuosa ma, ritenendola il documento più saliente relativo ai ben 536 anni di dedizione triestina all'Austria, ve ne propongo un brevissimo sunto[2]:

ATTO DI ACCETTAZIONE DELLA DONAZIONE DI TRIESTE – 30 SETTEMBRE 1382

"Nel nome del Signore, Amen. Noi Leopoldo per la grazia di Dio Duca d'Austria, Stiria, Carintia e Carniola, Signore della Marca, e di Pordenone, Conte di Asburgo, del Tirolo, di Ferrete e di Kiburgo, Marchese di Burgovia e di Treviso, Landgravio di Alsazia.

Riconosciamo e confessiamo per Noi e pei nostri eredi di governare, mantenere e difendere la città di Tergeste, tutti i cittadini e gli abitanti e i loro beni in qualunque parte si trovino contro qualunque persona. Noi non venderemo la predetta città di Tergeste, né la daremo in feudo in qualsiasi modo, dovendo questa rimanere in perpetuo inviolabilmente attaccata al Principato e titolo dei Duchi d'Austria. (...)

Noi Duca, i nostri eredi e successori avremo ed abbiamo il diritto di preporre alla città di Tergeste il Capitano a nostro beneplacito. (...)

La città, il comune, ed i cittadini di Tergeste dovranno e devono scegliere il Consiglio, gli Officiali, ed Officianti secondo gli statuti e consuetudini della città. (...)

I cittadini di Tergeste, i loro eredi e successori dovranno ogni anno nel giorno di San Giusto martire, dare a Noi, ai nostri eredi e successori nella città di Tergeste a titolo di censo annuo cento orne di vino Ribolla della migliore qualità che si potrà avere in quell'anno. (...)

---

2. La versione integrale tradotta in italiano è pubblicata in: Edda Vidiz, *Tergeste dove regna la Bora*, ed. Bora.la, Trieste, 2018

Di ogni condanna pecuniaria, in qualunque modo avvenuta in Tergeste, la metà integra spetterà a Noi siccome a naturale Signore. La metà delle condanne dovrà passare al comune di Tergeste affinché possa pagare l'onorario al Capitano, e dare a Noi ed ai nostri eredi e successori l'annuo tributo del vino e possa pagare i salari dei medici e degli officianti di detta città, riparare le mura, le porte, le strade e provvedere ad altre necessità. (...)

Per ultimo la detta città ed i di lei abitanti non verranno minimamente impediti nei loro introiti e redditi, né aggravati più di quello che sopra fu detto. (...)

Noi Duca Leopoldo tutte e singole le cose soprascritte abbiamo approvato ed approviamo. (...)

Dato e fatto nel nostro castello di Gratz, nella sala ducale l'anno del Signore mille trecento ottantadue, indizione quinta, il dì ultimo di settembre all'ora dei vesperi o quasi, in presenza del Notaro pubblico (...)"

Quattro anni dopo, il 9 luglio del 1386, il Signore di Trieste duca Leopoldo III d'Asburgo, volendo ampliare ulteriormente anche i suoi possedimenti oltre il Voralberg, ingaggia con gli svizzeri una lunga guerra, che si conclude con la battaglia di Sempach, durante la quale rimane ucciso.

Va da sé che, a Leopoldo III, dobbiamo una certa gratitudine per essersi lasciato convincere a prendersi carico di una cittadina morbida come un riccio incazzato, ma quella dedizione che, al momento, probabilmente anche lui stesso riteneva una fesseria, ha dato il via ad un'impresa che, nel corso dei secoli, ha visto un nonnulla di città diventare una piccola Europa, e quindi mi sembra giusto onorarlo ricordando la sua morte, cantata in seguito da numerosi poeti e romanzieri:

La battaglia di Sempach

"I triestini furono col Duca Leopoldo alla mischia di Sempach nella Svizzera insieme ai soldati di altri domini austriaci. Il quale Duca, indetta la guerra ai federati svizzeri di Uri di Lucerna, di Schwytz e di Unterwalden, cui si unirono quelli di Zurigo, nel dì 8 luglio del 1386, avanzò al lago di Sempach sulla strada verso Rotenburg; nel dì 9 saliva il monte precedendo i cavalieri, seguendo i pedoni 2000 di numero che rimasero troppo indietro.

Girata la curva del monte, i cavalieri ebbero inopinatamente in faccia i federati, che essi pure non s'attendevano tale incontro, ed erano 2000 che avevano tutti li vantaggi. L'onore di cavalieri non permetteva di ritirarsi per unirsi ai pedoni, che altra e favorevole posizione avrebbero dato. Impossibile di combattere a cavallo, scesero, e così in armatura, impacciati i piedi, sotto sole ardentissimo attesero il nemico.

Comandava Giovanni di Ochsenstein proposito di Strasburgo, gli Svizzeri comandava Pietro di Grendoldingen, che attaccò a cuneo, rinforzato da sopraggiunti; il Gonfalone d'Austria era portato da Pietro de Arberger. Surse confusione, il Duca udì il grido "salvati Austria salvati", vide tentennare il Gonfalone, vi corse il Duca, e fu ammazzato. I federati spogliarono il cadavere, dopo tre giorni lo deposero in umile cappella, poi fu recato nelle tombe di famiglia in Konigsfeld.[3]"

Il 30 dicembre dello stesso anno, il fratello Alberto III d'Asburgo ha preso il suo posto, diventando così il nuovo Duca d'Austria e, ovviamente, anche il nuovo Signore di Trieste.

Tempus fugit... e così siamo arrivati al 1400, quan-

---

3. Da Pietro Kandler, Storia del Consiglio dei Patrizi, Trieste, 1858.

do Trieste incomincia a vivere un periodo d'oro, non mancava il lavoro, giravano soldi e la roba costava poco; si incominciava a costruire nuove case e a coltivare campi mai coltivati prima. Nel 1420, guarda là, i Veneziani si ingoiano tutti i territori che erano rimasti in mano del Patriarca; i territori istriani, Udine e Muggia compresa, dove incominciava a mancare tutto a parte il lavoro. Ma quello era obbligatorio e quasi a gratis, sia nelle campagne che a bordo delle navi dove gli istriani tiravano avanti come un asino legato alla ruota. I friulani invece, continuavano a lottare ferocemente fra di loro e dove non regna la pace, si sa, regna sovrana la miseria dura e cruda.

In un mare di lotte continue la nostra città era come un'isola prospera e serena, ma non sono mancati motivi per stare in pensiero dato che, a causa di tutti i pericoli che la circondavano, i triestini vivevano come blindati dentro le loro mura. Logico che la sua prosperità e neutralità facevano gola a molti e il rischio era sempre in agguato.

Nell'anno 1427 anche a Trieste il periodo d'oro incomincia a scricchiolare sotto una serie di disgrazie: infuria una grave epidemia di peste; ghiaccio, neve e bora scura distruggono quasi tutto il raccolto; in città scoppia un grave incendio e, tanto per non farsi mancare alcunché, ecco un'invasione di cavallette, così tremendamente biblica, che distrugge tutto da Lubiana fino a Padova.

Ma le cose incominciano a cambiare in tutta Europa. Nascono i grandi stati nazionali e i re vogliono contare sempre di più. Federico d'Austria che, già nel 1436, ci aveva fatto visita, nel 1452 diventa l'imperatore del Sacro Romano Impero con il nome di Federico III.

Nel 1463 scoppia la seconda grande guerra tra l'impero di Federico e la repubblica di Venezia.

Una pacchia per i veneziani che, grazie al chiodo fisso per Trieste, partono subito all'attacco con un blocco navale davanti al porto e un blocco terrestre con ben tre batterie di cannoni, che già all'epoca potevano mandare in briciole anche le mura più resistenti- puntati verso la città. Per non parlare del rovinar di viti e di campi, il rubar del bestiame e l'incendiar di case apportato nel nostro territorio da quattrocento cavalieri capodistriani assoggettati al Doge.

E i triestini? Escono dalle mura con duecento uomini che fanno a fette i nemici come se niente fosse. A questo punto Federico III si ricorda che Trieste è di sua proprietà e invia pochi, ma proprio pochi, dei suoi tedeschi alla difesa.

I veneziani partono al contrattacco con ventimila dei loro e allora... anche i testardi triestini si accorgono che era meglio alzare le braccia! Per fortuna all'epoca era Papa Pio II, ex vescovo di Trieste, che ci rimise del suo pur di far accettare la pace ai veneziani, i quali prima di dirgli sia fatta la sua volontà hanno fatto inginocchiare -come due bambini cattivi- i due ambasciatori triestini Domenico Burlo e Antonio de Leo, costringendoli a chiedere perdono per *"la colpa e l'errore commesso provocando con fatti e ingiurie la Repubblica"*.

Nel 1464 l'imperatore Federico III ha riconosciuto pienamente l'eroismo dei triestini *"degni di massima lode e di estimazione non solo per le nazioni italiche e le germaniche e per qualunque altra"* i quali *"nelle passate guerre e assedi mossi loro dai veneti su suggerimento dei capodistriani e altri simili a loro, furono così fedeli e saldi nella fede e nella devozione alla Casa d'Austria"*.

Grazie a questa fedeltà i triestini hanno avuto in premio un nuovo stemma, quello che la città ha adoperato fino al 1918, diviso in due parti con sopra l'aquila a due teste e sotto l'alabarda con la bandiera

EDDA VIDIZ

austriaca. Sembra però che -nonostante le grandi feste
della popolazione- l'amore dei triestini per Federico III
stesse entrando nel fatidico settimo anno!

Infatti, dopo un'altra peste che falcia un quinto dei
cittadini, una parte dei triestini si ribella, ma la ri-
sposta non si fa aspettare. Trieste viene letteralmente
occupata e, per darle una lezione, l'austriaco regno
la mette a sacco, ovvero i "gnocchi" di Federico si ri-
empiono le saccocce e lasciano la città nuda e cruda.
Come se non bastasse, da queste parti passano anche i
Turchi,[4] che arrivano persino a suonarle ai veneziani
vicino all'Isonzo. Ma i triestini, dovreste saperlo ormai,
è gente dura: appena sanno che i Turchi sono sotto il
castello di Moccò, escono dalla città e gliele danno di
santa ragione. Fatto sta che qui da noi i Turchi non si
sono più visti e anche quando sono costretti a passare
dalle nostre parti per rompere le scatole ai veneziani,
stanno ben attenti a tenersi alla larga da Trieste.

Anche nel 1500 questi Turchi però non hanno pace:
vanno e vengono come a casa loro, ma neppure i veneziani sono calmi e buoni. La Serenissima è di nuovo
in guerra con Massimiliano I d'Asburgo (ah sì, dimen-
ticavo: nel frattempo Federico III è andato a riposare
in pace) e così i veneti sono di nuovo a Trieste, ma per
poco. Se il XV secolo è trascorso in scaramucce, assalti,
battaglie e chi più ne ha più ne metta, anche nel secolo
XVI Trieste ha visto la pace da molto lontano e si è tro-
vata in casa ora il padrone (l'Austria), ora l'ex abusivo
(Venezia), ora gli amici dei nemici a suo tempo amici
degli amici ora nemici...

Finalmente stanchi di tutte le volte che il castello di
Moccò (importante perché di là passava tutto il com-

4. In realtà quelli che all'epoca chiamavano "turchi" erano invece un
miscuglio di "foreign fighters", mercenari tedeschi, albanesi, italiani, serbi,
croati e bosniaci; di turchi che fossero proprio turchi erano praticamente
solo gli ufficiali.

mercio con la Carniola, l'Austria e l'Ungheria) era in mano una volta ai veneziani e poi nuovamente agli austriaci, il Comune triestino prende una saggia decisione: lo spiana di brutto e così per lo meno i veneziani non avrebbero più potuto adoperarlo per bloccare la città da quel lato.

Nel 1517 anche Massimiliano I va a riposarsi in eterno lasciando al nipote Carlo V, già re di Spagna, un'eredità, che avrebbe dovuto fargli portare sempre gli occhiali da sole dato che, come diceva lo stesso povero Carletto, *"Sul mio Impero non tramonta mai il sole"*. I veneziani, anche se per "toilette" usavano il Canal Grande, hanno subito compreso che -alle prese con il padrone di un impero più grande di quello che, a suo tempo, aveva conquistato Alessandro Magno- c'era poco da fare i grandezzoni e quindi firmarono un accordo con il "buon" Carlo (dato che l'appellativo "bello" non gli era affatto congeniale), ricevendo in cambio l'assoluta supremazia sull'Adriatico; tanto per Carlo -padrone di tutto l'Oceano Atlantico- perdere l'Adriatico sarà stato come svuotare la tinozza usata per il pediluvio.

A un certo punto, nel 1556, Carlo deve avere una folgorazione dal Cielo e si accorge che il troppo stroppia per davvero; quindi abdica lasciando la Spagna con le colonie Americane e le Due Sicilie a suo figlio Filippo II e regala il Sacro Romano Impero, l'Austria-Ungheria e la Boemia al fratello Ferdinando mentre, per sé, si riserva una celletta in un monastero spagnolo. I triestini saranno impazziti dalla gioia per avere l'imperatore Ferdinando I d'Austria come nuovo Signore, dato che l'onorano spendendo un fracco di soldi per erigergli, in Piazza Grande, una colonna con sopra un'aquila imperiale in marmo nero. L'imperatore però non ha neppure il tempo per venire ad ammirarla che già, nel

1564 passa lui a miglior vita e lo scettro imperiale a Massimiliano II d'Austria che, tra una guerra e l'altra, arriverà a tener duro sino al 1576.

Trieste intanto, oltre al flusso e riflusso delle onde deve sopportare quello delle incursioni dei filoveneti, senza contare una terribile tempesta di grandine che provoca ulteriori danni ben maggiori di quelli degli uomini. A Massimiliano II succede l'imperatore Rodolfo II, il quale riesce a transitare il secolo senza particolari note di cronaca, fino a che il fatal destino lo ferma nel 1612.

Del Seicento, considerato dalla stragrande maggioranza degli storici come uno fra i più tumultuosi del primo Millennio, non si sa molto in verità. Certo è che la peste arriva a Trieste e ripartendo si porta via ben ottocento triestini, un numero enorme, come a dire quarantamila dei giorni nostri. Ma la vita continua e, passata la peste, in città riprende il solito tran-tran: ora la solita baruffetta per i confini, ora il contrasto con Venezia per il commercio dalla Carniola, ora i nostri Signori, l'imperatore Rodolfo prima e Mattia (1612-1619) a chiedere di mandar loro uomini in sostegno per la guerra di turno. Una cosa tira l'altra finché nel 1615 qualcosa va ancora più storto e salta fuori una nuova guerra: la "Guerra di Gradisca", che si concluderà nel 1617 senza vincitori né vinti, dopo un mucchio di battaglie senza senso, assalti a l'arma bianca e bombardamenti d'artiglieria. Quasi l'anteprima di una grande guerra che scoppierà dopo trecento anni, praticamente sullo stesso terreno.

E così via con l'imperatore Ferdinando II (1619-1637) e Ferdinando III (1637-1657) papà di quel Leopoldo I (Vienna, 9 giugno 1640 - 5 maggio 1705) che, due anni dopo l'ascesa al trono, nel 1660, visita Trieste.

Una visita importantissima per la piccola città ai

confini dell'Impero, della quale il canonico Vincenzo Scussa - cronista storico dell'epoca - ce ne lasciò una più che dettagliata cronaca, qui trascritta tale e quale per farvi pienamente partecipi dell'evento.

Leopoldo I visita la chiesa della Vergine Maria di Grignano

"*Quest'anno 1660, quant'allegrezza onore e gloria abbia apportato Leopoldo I, Cesare Augusto, clementissimo imperatore, con la sua venuta maestosa di persona in Trieste, lungo sarebbe raccontare il tutto minutamente.*

Onde per non trapassare l'assunto compendiato si dirà brevemente. Pe condegni preparamenti a tanta venuta, si fabbricò un nuovo bregantino, capace di 24 marinari, con poppa innalzata, dove riposta fosse la sedia Cesarea, il tutto guernito a gala di broccato d'oro rosso, con tappeti canarini, cuscini, felzata, strato di seta ventilante, batticoppa, e per insegna, l'aquila imperiale coronata. Li marinari, scelta gioventù, vestiva al pari tabino sguardo con berretta marinaresca di cre-

17

mese, fornita di zendaline bianche e rosse, che mirabile apportava vista.

In Piazza Grande, al rimpetto della colonna già per avanti anni cento innalzata alla memoria di Ferdinando il primo Cesare, distante passi 60 in circa, eretta stava nuova colonna alta piedi 24, con la sua base fregiata d'imprese militari, sostenuta da tre ordini di scalini ottangoli. Il capitello della medesima calcato dalla statua di Leopoldo I, imperatore, armato di ferro, cinto di spada, portante il mondo in mano, coperto di manto imperiale, con corona cesarea in capo. Per la brevità del tempo, il tutto rappresentava legno ben lavorato ed ornato. Ora di marmo bianco la colonna con scalini, base e capitello, e di sodo bronzo la statua, attestano eterna memoria.

Ben consapevole di questo arrivo l'eccellenza del signor conte Pietro de Zrino, venne con galeotte, bregantini e felluche per servire la sacra cesarea maestà, alla quale per suo posto gli fu assegnata la punta di campo Marzio alla marina, distante dalla città un miglio, ove piantati diversi padiglioni rendevan vaga meraviglia.

Dal sbaro di cannone della fortezza di Duino, s'ebbe avviso a Trieste, colà esser arrivata la maestà di Cesare da Gorizia. Onde spedì la città subitamente il signor barone Alessandro de Fin, soggetto di portata, a Duino. Avuta audienza, espose la brama de' triestini di riverire il suo augusto, congratulazioni di sì felice viaggio e dell'onore che riceverà Trieste. Così esibì, a nome pubblico, il preparato bregantino, per transferirsene per mare alla sua città. Aggradì la sacra cesarea maestà l'esibizione, e per aver data parola al conte Zrino, ancora in Gratz, di servirsene in quest'acque de' suoi legni, salito sopra una galeotta, il bregantino ritornò vuoto, riservato per servirsene nelle pesche di Trieste.

Inviate vennero dalla città 40 barche, oltre le par-

ticolari, tra le quali una vaga peota del signor Nicolò Caldana, di Pirano, che poi fu vescovo di Parenzo, montata da monsignor nunzio Carlo Caraffa (al quale in Germania il sopradetto Caldana serviva per cavallerizzo), questa per la destrezza de' marinari portava ale. Seguitavano gli altri cavalieri in diverse barche, quali rappresentavano, abbenché picciola, ma altrettanto giuliva armata navale.

Pervenuta questa alla vista della beatissima Vergine Maria, detta di Grignano, volle la maestà cesarea visitare quella veneranda chiesa. Onde smontato il monarca alla marina, a piedi fece l'ascesa, e fatte le devote preci, visitò anche quel nuovo convento, fermandosi a prendere alquanto d'aria, degnandosi per sua benignità, di gustare uve di quelli vignali, coltivati alla radice del monte Pucino, tanto nominato e decantato.

Aveva il molto reverendo padre conventuale, guardiano di quella chiesa, preparato ordinaria sede con un cuscino di chiesa sopra. Conobbe Cesare, dalla croce, esser cuscino d'altare, onde rivolto al padre guardiano, piacevolmente disse:

"Questo è cuscino d'altare; levatelo, perché non è conveniente a principe valersi per sua comodità di quella suppellettile ch'è applicata al servizio di Dio."

Onde un ferraiolo d'un paggio si valse per sedere. Questo parimente, acqua fresca in semplice maiolica apportata bevvè, ricusando quelli delicatissimi vini, che per devozione, ogni sabato s'astiene.

Montata di rinuovo la maestà cesarea, la galeotta Zrina, nello spuntare delle barche fuori di Grignano, la fortezza di Trieste e città insieme cominciarono con sbaro di cannone ricevere suo principe e signore, né mai cessarono sino allo sbarco, con rimbombo delle vicine montagne, che abbenché insensate e mutole, davano segni di straordinaria allegrezza; il che fu li 25 Settembre, giorno che oggidì si celebra con solennità ecclesiastica e sbaro di mortaletti alla cattedrale, anniversaria memoria.

Stava alle porte ben ordinata la militare infanteria della città per fare la dovuta riverenza, alla quale venne inibito lo sbaro per ordine supremo. Arrivato il legno al ponte preparato, coperto di panno rosso, smontò Cesare, e salito a cavallo, alla porta della città, dal magistrato, con numerosa nobiltà incontrato, in un bacile d'argento gli furono presentate le chiavi di quella, con umilissime espressioni. Ricevè queste il monarca magnanimo, e con parole benigne riconsegnò le medesime al magistrato; ove fermatosi, per clemenza si degnò di porgere la cesarea mano al bacio. A quest'atto, s'avanzarono tutti gli astanti nobili e cittadini.

Stava preparato baldacchino sontuoso, tessuto di panno d'oro, a fioroni, con le sue bandenelle guarnite di frangie d'oro, sostentato da otto aste indorate, con le aquile sopra, portato da otto gentiluomini. Così entrò la maestà cesarea in città, accompagnata dalle guardie militari. Marchiavano avanti le trombette e le nacchere; seguitavano li cavalieri di corte, ed altri signori a cavallo, dopo questi l'eccellenza del signor conte di Lambergh con la spada ignuda in mano, maresciallo; poi veniva la maestà di Leopoldo: seguitavano a cavallo monsignor nunzio apostolico Carlo Caraffa, l'ambasciatore veneto Molino; l'eccellenza del principe Ferdinando di Porcia, maggiordomo maggiore, e primo ministro; d'indi la guardia d'arcieri della maestà a livrea, con numerosa moltitudine di gentiluomini esteri e paesani.

Passò la cavalcata la piazza grande, vicino all'eretta colonna verso Cavana, e girando all'esattorato, si portò alla cattedrale, dove fuori della porta sotto il baldacchino sedeva il vescovo Marenzi in compagnia del suo capitolo, clero e religiosi della città, vestito in abito solenne pontificio.

Arrivata la maestà cesarea alli primi scalini del ci-
miterio, discese da cavallo.

Il vescovo incontratolo, si rallegrò della felice venuta
con raccomandare la chiesa e il clero. La maestà espres-
se al vivo la gratitudine e protezione, ed entrato sotto
il baldacchino in chiesa, portato da 4 primieri canoni-
ci, ricevè l'acqua santa dal vescovo, si portò all'altare
maggiore, inginnocchiatosi sopra sgabello preparato e
addobato.

Cantossi il Te Deum laudamus, dalli musici di sua
maestà, con molti strumenti musicali, oltre le trombet-
te e nacchere. Intanto triplicato tiro di cannone, sì dal
castello che dalla città udivasi. Fornita la funzione si
portò l'augusto al vescovato, preparata abitazione, e li
cavalieri alli loro destinati quartieri.

La porta del vescovato ornata di colonne a rilievo nel
frontispizio stava scritto: "felici faustoque ingressui", ed
a mezzo la cornice una mano eminente, nella cui palma
un occhio aperto, dal di cui dito sostenuto il mondo, col
simbolo: consilio et industria, e sopra la cornice un'a-
quila con altri adornamenti.

La sera nell'oscurare, venne illuminata la città tutta
con infinita quantità di lumi alle finestre: il castello pa-
rimente a somma meraviglia illuminato, dove artificio-
so risplendeva un "L" tutto d'oro con corona imperiale.

Li 26 Settembre 1660 la maestà cesarea godè la pesca
di nasse e tratte, servendosi del bregantino della città,
seguito da più di 50 barche ripiene di cavalieri di corte
ed altri gentiluomini.

La pesca delle nasse fu nella valle di Zaule, non lon-
tana dal veneto distretto, che riuscì di compiacimento.
La seconda pesca fu tirare la tratta, godendo la maestà
tanta varietà di pesci, e considerata la stentata vita di
questi pescatori, quali consolò con donativo di denari
abbondante.

Minacciava il tempo turbine e procella; sollecitato pertanto ne venne il ritorno al porto. In questo mentre non cessava il rimbombo de' cannoni della fortezza e città. Giunto al porto Cesare, salito a cavallo, servito col solito corteggio sino alla proprie stanze.

L'istessa sera la città per trattenimento fece da gente foresta batter con spade ignude una grata moresca e, deposte le armi, formar vari regiri innalzando diverse forze d'aggiustate figure, di tanta soddisfazione della maestà e della corte, che volle repricate vederne.

Il lunedì mattina 27 Settembre, la maestà cesarea ricevè in persona l'omaggio di Trieste nella gran sala del vescovato, addobbata da broccatelli tessuti d'oro. Sotto baldacchino maestoso sedeva Cesare. Alla destra il maresciallo conte Lambergh con la spada nuda in mano: stava alla sinistra il cancelliere aulico, conte Zintzendorff, e l'eccellenza principe di Porcia. Avanti il soglio il magistrato di Trieste, accompagnato dalla nobiltà, cittadinanza ed altri fedeli sudditi. Esposta la mente di sua maestà dal cancelliere aulico, il signor secretario lesse la formalità del giuramento, replicato da ciascheduno di parola in parola. Fornito questo, andò il magistrato al bacio della mano, poi per ordine tutti gli astanti, allo sbaro di diversi bellici stromenti in segno d'applauso ed allegrezza.

L'illustrissimo barone Alessandro de Fin, complì a nome della città, con la maestà cesarea, supplicandola per la confirmazione de' suoi privilegi.

Questa giornata passò con solennissimi banchetti, e la medesima maestà mangiò in pubblico a canti e suoni de' propri musici.

Ebbe la sera il magistrato della città particolar audienza, che gli presentò una coppa di oro, accompagnata con il parlare del sopradetto signor barone de Fin. Ricevè questa sua maestà con proprie mani, dicendo: "Conservata sarà tra le altre memorie di questa città, quale a suo tempo goderebbe li frutti della sua grazia."

Il martedì 28 Settembre 1660, che si attendeva l'arrivo delle galere con gli ambasciatori veneti, insorse fortuna di furiosa bora, che portò gusto alla maestà di vedere il mare furibondo, ed acciò gli ambasciatori facessero il loro viaggio per terra, ordinò spedirsi 100 e più cavalli a Pirano, dove quelli si ritrovavano.

In questo mentre la cesarea maestà si portò alla cattedrale per sentire li vesperi (vigilia di san Michele arcangelo), solennizzati da monsignor vescovo Marenzi, quali forniti aggradì visitare la cappella delle santissime reliquie con riconoscerle una per una, e sentire il racconto delle vite e martirii delli santi protettori di Trieste.

Il mercordì 29 Settembre, sentì messa la maestà augusta nella chiesa della compagnia di Gesù, cantata da monsignor Giorgio Zellepcheni, arcivescovo di Colozca, vescovo di Nitra, gran cancelliere dell'Ungheria.

Nell'ingresso fu ricevuto da Cesare dalli MM.RR. PP. con breve sì, ma elegante orazioncina, recitata dal M.R.P. Stamizar.

Dopo pranzo si portò la maestà a rivedere la fortezza, alla porta della quale, l'illustrissimo signor conte Nicolò Petaz, capitanio, in un bacile d'argento presentò le chiavi, accompagnate con efficaci parole, e ritornandole disse: "L'esperimentata vigilanza e fedeltà così sia per l'avvenire e debba custodire questo suo presidio".

La sera in circa le 22 ore, comparsero le due galere venete disarborate per il vento. Queste, dopo li sbari di sicurezza, fecero le salve di tutta l'artigliera, e poco dopo giunsero le eccellenze delli signori ambasciatori Andrea Contarini, e Nicolò Cornaro, procuratori di San Marco a Cavallo, in abito pomposo di campagna con grosso seguito di nobiltà ed altri titolari.

Marchiavano avanti in abito di campagna li paggi, gioventù nobile; seguivano in buon numero gentiluomini privati, cavalieri e titolari; dopo questi li patrizi

veneti, li ambasciatori, accompagnati dagli illustris-
simi signori conti Königseck e Agostino di Waldstein,
cavalieri di Malta, deputati da Cesare per incontrarli e
complimentare. Fu l'entrata per la porta di Cavana, e
girando la piazza, smontarono alla casa dell'illustris-
simo signor conte Petaz, addobbata d'arazzi di sua ma-
està, e dalla medesima spesati lautamente con tutta la
loro comitiva.

Il giorno seguente, che furono li 30 Settembre 1660,
restò determinata l'audienza per gli ambasciatori ve-
neti, a' quali sua maestà mandò le proprie lettiche e
cinquanta cavalli ben forniti per la loro maggior co-
modità. Vollero però andarsene a piedi, sicché li cavalli
furono dietro il corteggio condotti a mano, e le lettiche.

Procedevano li staffieri a due a due a numero di ven-
tiquattro, vestiti di velluto turchino e raso a pelo, calze
di seta corrispondente, tabarri similmente di velluto,
guarniti d'argento sino a mezzo. Similmente vestivano
li paggi con tabarri foderati di lametta d'argento.

Con l'istessa ordinanza camminavano gentiluomi-
ni, conti, cavalieri, ed altri nobili veneti. Seguirono gli
ambasciatori con zimarre lunghe. A lato di essi, a mano
sinistra, andava il conte Waldstein, ed a mano destra
l'ambasciatore Molino; dall'altro lato il conte Königseck,
ed in mezzo gli ambasciatori straordinari. Arrivato
al vescovato gli ricevè a mezza scala, il signor princi-
pe di Porcia, maggiordomo maggiore, e da lui condotti
all'audienza, quale fornita, con la medesima ordinanza
ritornarono alla loro abitazione.

Lo primo Ottobre col solito corteggio ritornarono
all'audienza l'eccellenze venete, e, trattati negozi d'im-
portanza, presero licenza di ritornarsene a Venezia. La
maestà cesarea alla presenza de' principi, signori del
Tosone, e radunanza delli stati, dichiarò con pompa e
solennità gli eccellentissimi signori Nicolò Cornaro e

Grimani, capitanio generale di golfo, cavalieri del sacro romano imperio, e gli eccellentissimi signori ambasciatori restarono regalati di due anelli di preziosissimi diamanti. All'incontro a' ministri di corte fecero essi regali degni di loro grandezza.

La città, tutta ripiena di foresta nobiltà, rassembrava la piazza fosse un teatro di principi e cavalieri.

Si rammenti la rara bellezza delle galere, le cui poppe d'intagli tutti indorati, balconate di cristallo fino, ricoperte di tabino rosso, tessuto a fiori d'oro, foderato d'ormisino, il piano strato di panno di seta. E quello che rapiva gli occhi era la sedia preparata per l'imperial maestà, fabbricata d'ebano, strisciata d'avorio, fornita di panno d'oro, imbroccato d'argento, con frangie d'oro, e li pomi, due aquile d'argento indorate. La ciurma ben vestita, banderiole di seta, stendardo di tabino. Molti cavalieri e dame di corte entrati per vedere quelle, trattati con magnificenza di rinfreschi e confetture, ritornarono.

L'istesso giorno al tardi, cavalcò la cesarea maestà verso santo Anastasio alla pesca delle tratte, con concorso in barche di molti cavalieri e gentiluomini, dove le galere di partenza, girando verso quella spiaggia, in segno di riverenza, fatta salva di tutta l'artiglieria con palla, a piacevolezza di vento, e prosperosa voga sparirono in un baleno.

La medesima sera di notte, la città procurò fuochi artificiali in mare a vista delle stanze cesaree. Stavano due colonne d'Ercole, ed un Atlante sostentando il mondo col motto: "Non plus ultra". Poco discosto sopra una conchiglia, Nettuno col tridente in mano, in atto di levare quel non plus ultra, dando vigore il volo d'un aquila che soprastava con il plus ultra, vaga apparenza e lodevole invenzione.

Il magistrato di Trieste non mancò di regalare li cavalieri e ministri di corte principali di scelte confetture, pa-

ste, conditi rarissimi, vini nuovi e vecchi, il tutto di somma perfezione, al pari d'alcuna provincia arciducale.

Li 2 Ottobre 1660, giorno di Sabbato, ottavo dell'arrivo della maestà cesarea in Trieste, si partì la mattina dalla città per Lipizza, mandra di cavalli carsolini, che per razza tiene.

Perciò tutta la nobiltà fuori della porta di Riborgo, si radunò alla chiesa di santa Catterina per augurare felicità e vittorie, ed il magistrato, primieramente, con parole di tenerezza e lagrime che impedivano proferire la voce, riverì sommessamente e profondamente l'augusta maestà, quale si compiacque tanto di questo atto, che di nuovo stese la mano al bacio, ricevendo tutti quelli, che ivi si trovavano, sino li più infimi; assicurando della sua grazia la città tutta, e se ne partì felicissimamente".
(Tratto da: Scussa V., Kandler P., Storia cronografica di Trieste, Trieste, Coen, 1863 pagg. 128-133).

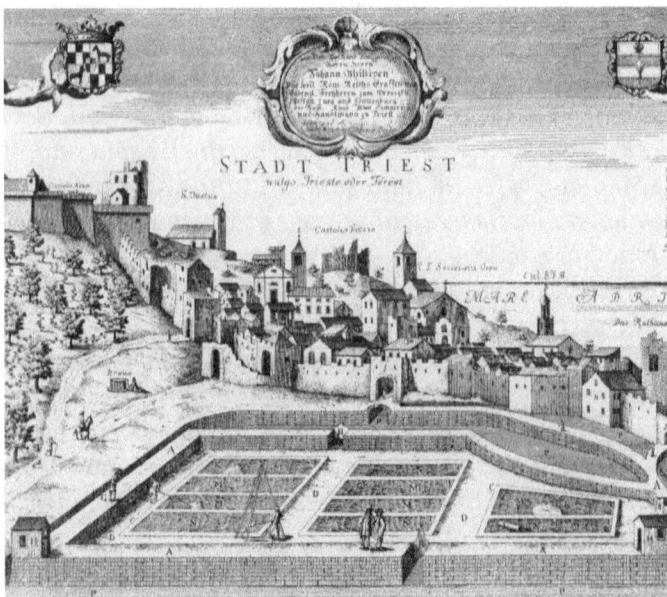

Le saline di Trieste nel 1689

QUANDO GLI ASBURGO SCOPRIRONO IL MARE

Leopoldo I d'Asburgo aveva vent'anni quando, con giovanile entusiasmo s'imbarcò in un giro *aziendale* delle sue terre, che comprendevano anche la *sua* piccola città di Trieste, per rendersi personalmente conto delle condizioni di vita delle austriache genti.

L'Imperatore - in primis Arciduca d'Austria - era un regnante acuto e si rendeva ben conto che, se voleva estendere i traffici e i commerci per migliorare il tenore di vita dei suoi sudditi, anche Vienna doveva guardare al mare.

Come ha accuratamente tramandato il buon Scussa, la città volle dimostrargli gratitudine e accattivarsene la simpatia accogliendolo addobbata a festa tanto che, mancando il tempo necessario per realizzare un monumento da dedicargli, provvisoriamente lo fece erigere in legno dorato. Il monumento nella sua veste definitiva giunse a Trieste il 28 aprile 1673, dove trovò posto in cima a una colonna in pietra bianca, nel fulcro della vita cittadina, dove si trova tutt'ora.

I cittadini fecero grandi feste al *Signore di Trieste* e, ringalluzziti, lo portarono in barca a vedere i pescatori tirare su le nasse. Leopoldo, a tu per tu per la prima volta con l'azzurro del nostro splendido golfo, con un profondo respiro del suo ampio torace, assaporò tutto l'odor del salmastro e ne subì il fascino ma, non potendo come Cesare Augusto dimostrarlo apertamente, esclamò tra di sé: *"Ooohh! Hier wird das Meer geboren!"*.

A parte la bellezza del calar del sole all'orizzonte, da quell'uomo perspicace che si piccava di essere, intuì subito che, da dove nasceva, l'Adriatico avrebbe potuto far navigare l'Austria fino alla fine del mondo.

Di certo, ritornato a casa, avrà dato una lavatina di capo ai suoi dubbiosi ministri, sempre incollati alle loro consunte poltrone, ma poi... la guerra!

Dopo alcuni anni, magari giocando con il figlio primogenito Peppino e il piccolo Carletto a *battaglia navale* avrà raccontato loro, come una fiaba, di questo mare e della sua bora, ma poi... la guerra!

Leopoldo I e Giovanni III di Polonia nella Battaglia di Vienna

Rimasto orfano Peppino, ereditata la corona del Sacro Romano Impero e diventato così Giuseppe I, incominciò a farsi un pensierino sul nostro mare, ma poi... la guerra!

La Cesarea visita, al momento, non portò alcunché di concreto alla speranzosa Trieste, ma dimostrò che qualcosa incominciava a muoversi; in particolare Leopoldo si rese conto di quanta importanza poteva avere un porto destinato ai traffici austriaci ma, completamente assorbito dal mestiere delle armi, archiviò l'impresa marittima nella Fossa delle Marianne.

E così sarà proprio lui, il piccolo Carletto che, ai soliti tentennanti ministri avrà minacciato: *"Se il governo non appoggia il progetto di rilancio dei nostri commerci via mare, le navi me le compro da solo e, dopo, vi metto tutti ai remi sino alle Americhe!"*.

E, sebbene i ministri non sapessero manco nuotare, pian pianino lo assecondarono e così toccò a Carletto, nelle vesti di Carlo VI, dare il via alla grande impresa marittina austriaca, che ha reso grande Trieste.

E da qui la *Storia di Trieste* incomincia ad avere la "S" maiuscola.

Carlo VI, arciduca d'Austria e imperatore del Sacro Romano Impero

LEOPOLDO I D'ASBURGO
Vienna, 9 giugno 1640
Vienna, 5 maggio 1705

Il 9 giugno 1640 nasceva in quel di Vienna *il piissimo, felicissimo augusto Arciduca d'Austria Leopoldo, Ignazio, Francesco, Baldassare, Giuseppe, Feliciano, figlio dell'invittissimo, potentissimo, clementissimo Ferdinando III, imperatore, e di madre Maria Anna, figlia di Filippo III, sorella di Filippo IV, re delle Spagne,* che avrebbe regnato dal 1658 al 1705.

Matrimonio di Leopoldo I con Eleonora

Tra i doni di battesimo Leopoldo aveva ricevuto nient'altro che il caratteristico mento prominente dei suoi avi, dato che, come secondogenito, aveva solo tre vie d'uscita: la carriera ecclesiastica, essere il principe consorte di qualche racchietta destinata a regnare un qualsiasi regno oppure... la precoce dipartita del primogenito.

La via gliela aprì il morbillo che si portò con sé il fratello Ferdinando IV che, nel 1658, lo lasciò erede dell'arciducato d'Austria poi, via, via, del regno d'Ungheria, di Boemia, di Croazia e Slavonia e dell'Impero! Senza dimenticare la piccola ma tosta città stato di Trieste che, dal 1382, l'asburgico duca d'Austria Leopoldo il Lodevole si era, benché con somma riluttanza, incamerato fra le sue terre d'Austria.

Il nostro Leopoldo Ignazio ecc. ecc. era un uomo robusto e non proprio longilineo, di carattere riflessivo e flemmatico. Conosceva bene il tedesco, il latino, l'italiano e lo spagnolo. Non amava il francese, al punto che anche al suo grande antagonista Luigi XIV scriveva in italiano, lingua in cui si esprimeva volentieri, tanto che l'italiano *da allora prese a venir utilizzato come lingua comune alla corte viennese.*

Sovrano colto e grande mecenate, favorì l'opera di artisti e scienziati e fece di Vienna una grande capitale culturale. Gli piacevano la caccia e l'equitazione, amava l'arte e il suo interesse per la musica fece sì che la corte di Vienna conoscesse un periodo di eccezionale splendore. Fu compositore lui stesso e scrisse diverse opere sacre e profane.

Leopoldo ebbe tre mogli, la prima, e più amata, è stata la nipote Margarita, infante di Spagna che, sposata a 15 anni gli diede quattro figli per morire poi, ad appena vent'anni, lasciandolo in grande sconforto.

Non essendo conveniente che la maestà cesarea, per ragione di stato, restasse troppo tempo senza moglie, lo stesso anno prese per consorte l'arciduchessa Claudia Felicita d'Austria, che morì all'età di 22 anni.

Per le suddette ragion di stato, Leopoldo portò all'altare nel corso dello stesso anno, anche la terza moglie Eleonora-Maddalena, principessa del Palatinato, da cui ebbe ben dieci figli, fra i quali due imperatori: Giuseppe I e, quello a noi già noto, il secondogenito Carlo VI.

Possedeva una notevole abilità politica ma, durante il suo regno, dovette interessarsi soprattutto della politica europea impegnandosi costantemente su due fronti: quello orientale, gravato dalla minaccia turca e dalle insurrezioni ungheresi, e quello occidentale, minacciato dalla politica espansionistica di Luigi XIV.

Dal 1683 al 1690 una grande guerra lo oppose ai turchi, che nel luglio 1683 giunsero ad assediare Vienna (battaglia di Kahlenberg) e che furono respinti dalla capitale grazie all'intervento del re di Polonia Giovanni III Sobieski. La vittoria decisiva sui turchi riportata, nel 1697, a Zenta, dal principe Eugenio di Savoia; permise all'imperatore, attraverso la pace di Carlowitz (1699), di sancire l'appartenenza di Ungheria, Transilvania e Slavonia alla casa d'Austria.

Alla morte di Carlo II, ultimo Asburgo di Spagna, Leopoldo appoggiò la candidatura del figlio Carlo al trono spagnolo nel corso della Guerra di Successione Spagnola (1701-1714).

Prima della conclusione del conflitto, dopo aver visto la vittoria assieme agli alleati imperiali a Hochstadt, nell'agosto del 1704, morì improvvisamente a Vienna, il 5 maggio 1705, dopo 47 anni di regno, assistito dalla moglie Eleonora che, dopo, vestì sempre a lutto.

TRIESTE AGLI INIZI DEL SECOLO XVIII

Portiamoci ora a quell'alba del 1 gennaio **1700** che vide il sessantenne Leopoldo I d'Asburgo saltare da un secolo all'altro baldanzosamente vivo e vegeto.

Trieste era ancora una piccola cittadina - grande più o meno come la zona corrispondente alla odierna "Città Vecchia" - di commercianti, salinari, pirati, contadini, pescatori, artigiani, borsaioli, nullafacenti, nobili più o meno spiantati; e tutti erano praticamente in mano a tredici famiglie, dette *la Confraternita dei Nobili o delle Tredici Casade*, che si ritenevano discendenti dagli antichi romani. All'inizio del secolo ne erano rimaste in vita solo sette: gli Argento, i Giuliani, i Bonomo, i Burlo, i Leo, i Padovino e i Pettazi, mentre la famiglia dei Toffani si era estinta già nel 1586, i Belli nel 1619, i Baseggio nel 1625 e i Pellegrini nel 1626. Nel corso del Settecento si estingueranno i Cigotti, i Padovino e gli Stella. Come un secolo prima, a Trieste vivevano circa settemila testardi e indomiti cittadini, ridotti a tremila di meno di quanti ne conteneva nel Trecento, quello che fu il secolo aureo tergestino. Si può ben notare quindi che i precedenti quattro secoli, ricchi solo di guerre, epidemie, congiure e tradimenti non avevano lasciato un buon segno.

Anche rispetto al Seicento non c'erano segni di grandi cambiamenti: la città aveva ancora intatto il suo aspetto medievale: la lunga cinta delle mura circondava l'abitato, suddiviso nei quattro rioni di Cavana, Mercato, Riborgo e Castello, collegati da tortuose viuzze che portavano al colle di San Giusto, da dove la basilica e il castello troneggiavano sul panorama.

Scendendo verso il mare, piccole case popolari circondavano la chiesa dei gesuiti di Santa Maria Maggiore e più giù, attorno alla Piazza San Pietro - da sempre popolarmente chiamata Piazza Grande - si trovavano il Palazzo comunale, la Torre del Mandracchio, la chiesa di San Pietro, l'Osteria Grande e, ovviamente, le case padronali dei nobili.

Fuori le mura c'erano i campi coltivati, le saline e un piccolo squero dove si riparavano e costruivano barche di altrettanto piccolo cabotaggio.

Trieste quindi, più che altro, era una bella addormentata sulle sponde dell'Adriatico: i suoi commerci stavano notevolmente migliorando grazie agli accordi, del 1683, stretti con l'Austria da Venezia, quando la guerra comune contro i turchi la portarono - per evitare attriti con la Corte di Vienna - a mitigare la sua politica adriatica e quindi a lasciare i triestini liberi, o quasi, di trafficare su quello che consideravano il mare

Torre del Mandracchio con i due mori e la ricostruzione del 1747

di loro esclusiva proprietà. In ogni caso più di tanto
i triestini non potevano permettersi di fare per mancanza sia d'imprenditoria vera e propria, sia di strutture portuali.

E così, il primo anno del Settecento, trascorse lento
e inesorabile - fra beghe più che altro riguardanti problemi di chiesa - con un breve momento d'entusiasmo
quando dalla Torre del Mandracchio si pensò di elimi-
nare *Micheze e Jacheze*, i due Mori in bronzo che scan-
divano le ore e che molti anni dopo, furono sostituiti
da una cella trifora con tre campane. La torre (chiamata via via anche dell'Orologio oppure del Porto) era
la porta della cinta muraria che racchiudeva la città e
che portava al porticciolo detto Mandracchio - situato
tra gli odierni palazzi della Prefettura e del Lloyd dove
finisce la Piazza Unità - nello spazio del mare imboni-
to a metà Ottocento, oggi lastricato e punteggiato da
luci azzurre.

L'anno dopo, nel **1701**, scoppiò una nuova guerra, la *Guerra di Successione Spagnola*, che si protrasse fino al 1714, e vide gli Asburgo d'Austria combattere a fianco dell'Inghilterra, Olanda e degli stati dell'Impero germanico contro i Borboni di Francia e Spagna e contro i principi elettori di Baviera e Colonia.

E cosa c'entra la nostra bella addormentata città con tutti questi guerrafondai?

C'entra, eccome! Perché ogni guerra porta sempre influenze negative sui traffici commerciali, ma non solo, quando gli Asburgo, che ricordiamo erano i Signori di Trieste, avevano bisogno di aiuto chiedevano il sostegno, combattenti compresi, a tutti i loro stati e staterelli, e quindi anche a Trieste.

Bene, detto questo, dovete sapere che proprio in quell'anno morì senza eredi Carlo II di Spagna e, fra l'arciduca asburgico Leopoldo e il re Sole Luigi XIV nacque una grande diatriba per chi avrebbe avuto più diritto di sedersi su quel trono lasciato così desolatamente vuoto. La questione ben presto degenerò e anche Trieste ebbe la sua parte di casino.

Tutto nasce dal fatto che la Spagna era governata da uno dei più disgraziati rami degli Asburgo, quel Carlo II, un ometto pieno di malanni fin dalla nascita, tanto che a dieci anni dovevano portarlo ancora in braccio perché neppure gli reggevano le gambe. Le sole cose che il meschino aveva sviluppato alla grande erano i difetti, primo fra tutti il marchio di fabbrica degli asburgo: una bazza spropositata. Come se non bastasse il mento prominente, aveva anche un altro difetto in bocca per cui non riusciva a pronunciare bene le parole, e tanti altri difetti e difettini sparsi su e giù per il corpo. Fra gli altri, quello di essere sempre, diciamo, giù di corda e quindi, anche se lo avevano fatto in gran premura sposare ben due principessine (povere ragazze queste principessine, mai che le sposassero con un principe azzurro), i gioielli di famiglia non gli erano bastati per *rifare il letto*. Quindi, siccome per il trono di Spagna questo erede non esisteva, ecco che si fecero avanti da una parte gli Asburgo del ramo austriaco e dall'altra il re

Carlo II

di Francia Luigi XIV, che aveva sposato Maria Teresa, sorella di Carlo, miserello in tutto fuorché in dobloni d'oro.

I due antagonisti Leopoldo I e Luigi XIV

Il fatto è che quando il re Sole si era sposato con Maria Teresa aveva anche firmato un contratto di matrimonio dove stava scritta la rinuncia per sempre a ogni diritto sul trono di Spagna, per lui e per i suoi eredi. Purtroppo però nello stesso contratto c'era anche scritto che, in cambio, Maria Teresa gli avrebbe portato un sacco di soldi, e quelli lui non li aveva ancora visti neppure dipinti. Caduta una clausola, dichiarò il buon Luigi decimoquarto, anche l'altra non valeva più un tubo. Ma non basta, l'Inghilterra e l'Olanda, temendo il peggio ancora prima che Carlo II tirasse le cuoia, presentarono al re di Francia un piano "B" con un compromesso: per il momento la Spagna sarebbe andata al principe Wittelsbach di Baviera, un tizio che contava come il due di coppe, e dopo, con calma, si sarebbe pensato a qualcosa di meglio. Ma il principe bavarese - probabilmente per non recare ulteriori pensieri alle tre grandi potenze - mandò il piano a carte quarantotto recandosi in visita perenne al già defunto Carlo II, e così si ricominciò tutto daccapo. Il nuovo accordo "C" era ancora più semplice: prevedeva che la Spagna andasse a un altro Carlo, il secondogenito figlio dell'imperatore Leopoldo I e la Francia in cambio ricevesse Napoli, la Sicilia e Milano.

Più che bene allora! No e poi no, siccome Leopoldo era sicuro che il defunto Carlo II, pace all'anima sua, avesse comunque lasciato nel testamento tutto a un altro Asburgo, nello specifico il suo secondogenito figlio Carlo, non gli conveniva accettare, perché in quel caso avrebbe praticamente regalato il Regno di Napoli e Milano.

Certo che Carlo II doveva avere una notevole carenza cerebrale di neuroni perché, senza che nessuno lo potesse neppure immaginare - probabilmente nella speranza che in seguito il Signore lo avrebbe assistito - chiese consiglio nientepopodimeno che al Papa e quello, si capisce, fece i conti come gli conveniva, ma a lui. Così è andata a finire che, sulla via di creparsi definitivamente, Carlo II, nell'ottobre del 1700, lasciò la Spagna e tutti i possedimenti spagnoli oltre l'Atlantico a Filippo d'Angiò, nipote di Luigi XIV e della Maria Teresa. Filippo d'Angiò, alla fine nel 1711, dopo la morte di Giuseppe I d'Asburgo e l'abdicazione di Carlo III, ebbe finalmente il regno di Spagna con il nome di Filippo V. Non sappiamo quante volte Leopoldo I lo mandò all'inferno, ma sappiamo bene che in questo modo scoppiò la famosa Guerra di Successione Spagnola, che durò più di dieci anni.

Durante quest'anno Leopoldo I, bontà sua, diede un impulso alle attività di Trieste con la proibizione di caricare merci per l'esportazione sopra navi straniere, a meno che non fosse più disponibile alcuna nave triestina. Ma lo scossone della guerra si sentì lo stesso, perché i triestini dovettero armare un paio di vascelli per mandarli contro Napoli, che a causa dell'impensabile lascito testamentario di Carlo II era sì ancora spagnola, ma era la Spagna che non era più degli Asburgo perché, adesso, era degli Angiò.

La guerra con la Francia mise tutta l'Europa in agitazione. Persino il leone di Venezia era impaurito a tal punto da restarsene accucciato con la coda fra le gambe, per buona pace verso tutte le potenze in campo; tanto che non ce la fece a mantenere la neutralità dell'Adriatico, e iniziò così un flusso e riflusso di velieri austriaci e francesi, come in una grande svendita di un centro commerciale.

Gli austriaci andavano e venivano dai loro porti di Trieste e Fiume per trasportare milizie in supporto alla Mesola; e la flotta francese - capitanata dal conte Claude de Forbin, temutissimo corsaro con patente di corsa del Re di Francia Luigi XIV - riuscì a penetrare sino al punto più interno del Golfo per bom-

L'ammiraglio conte
Claude de Forbin

bardare proprio la nostra città. Bisogna comprendere la paura dei veneti: le gesta del terribile pirata Forbin erano cruente e feroci come quelle dell'Olonese a Maracaibo, tanto che al solo sentir nominare il Forbin tremavano le gambe anche agli ammiragli del Doge.

E i triestini? Si tirarono su le maniche e costruirono all'arsenale delle batterie di cannoni e poi - per stare al gioco e tentare di tenere in mano il banco - chiusero le porte.

Bene, il 19 agosto **1702** la flotta comandata dal capo squadra delle armate navali francesi, conte Claude de Forbin bloccò il porto di Trieste con due galeotte.

"(...) Egli si era accorto fin dacchè s'inoltrò in quel mare (Adriatico), che i porti appartenenti all'Imperatore erano mal fortificati e con scarse guarnigioni. Risolvè quindi di distruggerli e di bombardar le piazze (città) lunghesso le coste. Per la esecuzione di siffatto progetto dimandò al viceré di Napoli mille e dugento uomini con quattro galee. Attendendo tal rinforzo ei fece armare a forma di galeotte bombardiere due bastimenti predati ai nimici, e fece vela alla volta di Trieste col disegno di bombardar quella piazza. Giuntovi innanzi, volle egli stesso fare scandaglio sotto le sue mura per poi regolarsi circa il modo da disporre l'attacco. Gli furon tirati molti colpi di cannone e di moschetti, ma non vi perdè un sol uomo. Avendo riconosciuto il luogo ove dovea situarsi colle sue bombardiere, come annottò le fece avanzare, e fè tirare sulla città sei colpi di cannone da 18. Questa scarica danneggiò molte case; ed una palla portò via un candeliere che facea lume al governatore, stando a cena. Poco dopo cominciò a far lanciare le bombe a quattro per volta. Esse faceano un orribile fracasso; e siccome ciascuna racchiudea materie combustibili, si appiccò il fuoco in parecchi rioni della città. L'allarme si spar-

*se da pertutto, e gli abitanti in folla sì precipitosamente
fuggirono nelle campagne, che non curarono neanche
di portar con essi gli oggetti più preziosi. Sul molo, che
forma una spezie di picciol ponte, eravi una batteria a
"barbette" con quattrordici pezzi di cannoni. Quel punto
soltanto potea sconcertare i francesi, e 'l conte dubitava
molto che i nimici non lo attaccassero da quel sito. Sovra
la barca e la scialuppa fece formare due mezze lune flut-
tuanti, vi pose gran quantità di marinari e di soldati,
vi s'imbarcò egli pure e si avanzò per la parte del molo.
Giunto ad una certa distanza, si accorse che abbandonato era quel posto. Credette che la città lo fosse del pari,
avvegnachè non vedeasi persona alcuna, ed un profondo silenzio vi regnava. Risolvè dunque di trar profitto
dal terror dei nimici; di calare a terra quaranta soldati
di scelta, di entrare nella piazza dove egli riuscisse e di
abbruciarla interamente.*

*Ei communicò il suo disegno al signor des Chiens che
il fuoco dei mortari dirigea. Questo ufiziale gli tenne il
seguente discorso:*

*"Avvertite che voi non avete petardi per far saltare
in aria la porta che mette nel molo. D'altra banda, se i
nimici, rivenuti dal loro primo spavento, si riuniranno e
vi attaccheranno, voi rimarrete sopraffatto dal numero.
Continuiamo a scagliar delle bombe, giacché per ora ci
lascian tranquilli. Il fuoco si è attaccato per tutta la città: noi non possiam desiderar di più."*

*Il conte si arrese a tali ragioni, ma l'indomani ebbe
motivo di pentirsene allorquando seppe che gli abitanti,
atterriti, avean cercato altrove uno scampo; che la sol-
datesca, radunata in fretta, approfittando della paura
dei cittadini, avea rapito tutto quello che potè trovare e
si era pure data alla fuga.(...)"* (tratto da: Richer A., Vite
de' più celebri marini: vita del conte Claudio di Forbin.
vol. 4, Tomo VIII, Napoli, stamp. Tizzano, 1823)

In ogni caso Trieste la scampò bella perché i francesi usarono bombe incendiarie e fecero diversi danni alla chiesa di Santa Maria Maggiore e al convento di San Cipriano, fortuna che le monache benedettine per timore di bombardamenti trovarono riparo nella fortezza. In cambio però le navi del Forbin andarono via con qualche oblò in più perché, bene o male, anche qualche cannonata triestina era arrivata a segno.

Il bombardamento di Trieste da parte dell'ammiraglio de Forbin nel 1702

Nel **1703**, quarantatre anni dopo la sua visita a Trieste, probabilmente dopo una notte insonne causata dai *capuzi garbi* mangiati la sera prima, Leopoldo I - che per il prolungare della Guerra di Successione Spagnola correva il rischio di svuotarsi il borsellino - sognò di essere a Trieste, con il tambureggiar delle onde sulla chiglia e il sussurar della bora nella sua parrucca:

"Poldino, piantala di giocare alla guerra e pensa invece a riempire le casse del tuo ducato!".

E lui girandosi sul fianco destro: *"Aumentare le tasse... nooo, mi taglierebbero la gola!".*

Il sussurar diventò refolo: *"Potresti chiedere un armi-stizio"*.

Poldo si rigirò inquieto: *"A quell'idiota con la puzza sotto il naso del Gigi, che adesso si crede il re Sole, chie-dere un armistizio? Maiiii... meglio morto!"*.

I refoli diventarono vento: *"Allora accetta il piano 'C'!"*.

E Poldo, girando e rigirandosi come una trottola: *"Napoli se la può anche prendere, tanto a me quel 'pomo d'oro' americano mi fa acidità di stomaco, ma perdere Milano... la cultura italiana, le sue belle 'tuse'... ma da che parte stai?"*.

A questo punto il vento diventò bora scura: *"Dalla parte dei triestini, babbeo! Te lo avevano pur chiesto di aiutarli, che affrancando il loro porto da alcuni dazi..."*

Leopoldo balzò sul letto, folgorato come San Paolo sulla strada per Damasco: *"E io che pensavo parlassero del vino di Porto! Non chiedevano di far arrivare franco il Porto, ma volevano il porto franco!"*.

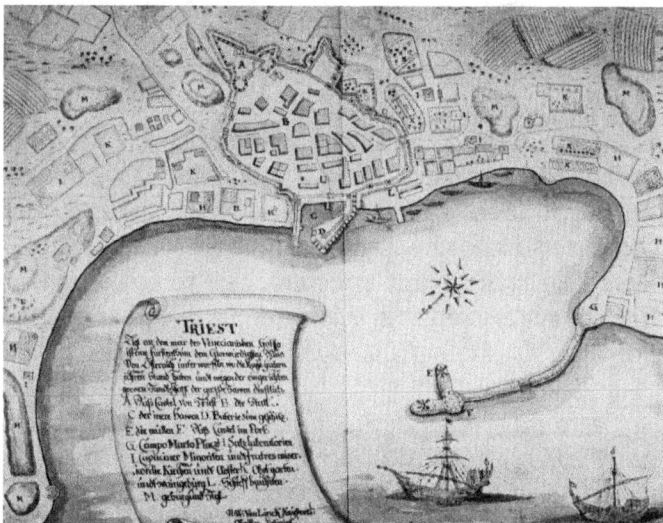

Il porto di Trieste a inizio secolo XVIII

E fu così che, dopo un "lieve" ritardo, la Corte di Vienna incominciò a dedicare un po' del suo tempo al problema del commercio marittimo con la geniale pensata di un porto franco.

Ma, per lanciare l'impresa, invece di puntare subito su Trieste, i ministri e i funzionari di Vienna tentennarono, e cosa successe: *"Ma dove, a Trieste o a Fiume?"*.

Per risolvere l'arduo problema venne incaricato l'ingegnere inglese Eduardo Halley, il quale si dichiarò favorevole - ovvio, data la "pegola" dei triestini - a Fiume, considerato che il porto di Trieste era troppo piccolo, neppure in grado di accogliere velieri anche di media stazza, nonché indifeso e indifendibile contro un attacco nemico. Ma, ahinoi, anche a ragione, perché quando il governo austriaco - che doveva trasportare i viveri per l'esercito distaccato in Italia - chiese ai triestini l'elenco delle navi di cui poter disporre, si rese conto che la nostra "flotta", composta di barche e peote con al massimo 20 migliara di stazza, ammontava a sole 17 unità.

Nel frattempo, vi ricordate il più semplice piano "C" alla morte del mai troppo poco vituperato Carlo II? Ebbene, Portogallo, Inghilterra, Scozia, Irlanda e gran parte del Sacro Romano Impero appoggiarono la candidatura al trono spagnolo del secondogenito di Leopoldo, Carlo d'Asburgo che, guarda là con quei forzuti "followers" alle spalle, si autoproclamò re e venne acclamato in quello stesso anno a Vienna "Carlo III di Spagna", e poi corse in Catalogna a suonare le nacchere.

Carlo III giunse in Spagna un anno dopo, nel **1704**, rimanendo appollaiato su quel "trono di spade" per i sette anni successivi. Dopo tutto il casino fatto per arrampicarvisi, calcolato bene il dare e l'avere, alla morte del fratello Giuseppe I, abdicò al trono di Spagna per subentrare ai suoi doveri in Austria e di Imperatore del Sacro Romano impero, con il nome di Carlo VI.

Intanto alla Francia, in questo stesso anno, le cose stavano andando di male in peggio, poiché si erano trovati contro anche gli inglesi, che come prima cosa si erano messi in tasca Gibilterra,

Carlo III re di Spagna nel 1707

diventando in tal modo padroni dello sbocco sull'Atlantico; e non era mica una sciocchezzuola! Sarebbe bastata questa perdita per cancellare la Francia come potenza marittima!

Nello stesso periodo Eugenio di Savoia, che aveva già lavorato più che egregiamente per Leopoldo durante la guerra contro i turchi, decise di continuare la sua carriera imperiale e, prese in mano le redini dell'esercito austriaco, si è calato in Italia. Già che doveva passare per la strada di Höchstädt, in mano ai francesi, si prese la briga di ridurli a mal partito e, non ancora pago, andò a stuzzicarli a Torino, chiusa in un assedio così stretto dalle truppe del re Sole, che neppure il sacrificio di Pietro Micca avrebbe risolto il problema. Eugenio invece, nonostante avesse meno

Eugenio di Savoia

uomini dei francesi, li sbaragliò tanto che, per non essere ridotti in polpette, dovettero scappare via a gambe levate. Eugenio di Savoia, sebbene fosse un rampollo della famiglia dei Savoia-Soissons, militò giovanissimo al servizio degli Asburgo e intraprese la carriera militare divenendo ben presto comandante dell'esercito imperiale. È da molti considerato l'ultimo dei capitani di ventura; fu anche un abile riformatore dell'esercito austriaco, vero precursore della guerra moderna. Fu uno dei migliori strateghi del suo tempo e con le sue vittorie e la sua opera di politico assicurò agli Asburgo e all'Austria la possibilità di imporsi in Italia e nell'Europa centrale e orientale.

Il 5 maggio del **1705**, Leopoldo I esalò il mortal sospiro e, al grido del gran ciambellano "È morto il re!", tutti, senza neppure prender fiato, urlarono il più forte possibile "Viva il re!", per farsi sentire e arruffianarsi con il nuovo Re, ovviamente d'Ungheria e Boemia, Arciduca d'Austria e Signore di Trieste, il quale si pappava anche la corona del Sacro Romano Impero.

GIUSEPPE I D'ASBURGO
Vienna, 26 luglio 1678
Vienna, 17 aprile 1711

Giuseppe I -che avrebbe regnato dal 1705 al 1711- era figlio maggiore dell'Imperatore Leopoldo I e di Eleonora del Palatinato-Neuburg. Allevato come un vero e proprio principe barocco, sviluppò, come il padre, un profondo interesse per la musica, tanto da diventare anche lui un compositore. Al contrario di molti suoi antenati -primo tra tutti suo padre- egli non aveva il caratteristico *mento asburgico* ed era un ragazzo di una bellezza innata, con occhi azzurri e capelli biondo-ramati.

Sin da piccolo, Giuseppe venne affidato dal padre a un istruttore di fede protestante e studioso di filosofia; ma lo studio della politica gli fu impartito direttamente dal padre Imperatore, che lo avvicinò a quel ramo del potere, ancora da molto giovane.

Allo scoppio della Guerra di Successione Spagnola, venne introdotto dal padre nel consiglio di guerra guadagnandosi non solo la stima dei generali dell'Impero, ma ottenendo anche alcuni privilegi di rilievo, come quello di reggere la presidenza del Consiglio dei ministri in assenza del padre, durante la quale si servì apertamente dei consiglieri che egli stesso aveva nominato, contando sulla devozione dei suoi più fidi collaboratori e, soprattutto in campo militare, di Eugenio di Savoia, già al servizio del padre. La sua attenzione però rimaneva prevalentemente concentrata sull'amministrazione interna dell'Austria e dei suoi domini, divenendo presto un tipico governante dell'età barocca.

A Vienna, però, Giuseppe era anche il capo del partito dei riformatori, i quali auspicavano una ventata d'aria nuova sulla politica imperiale, con l'implemento dato da nuove riforme.

Il giovane Imperatore era ambizioso e si dedicò anche alla costruzione di opere pubbliche, riuscendo a competere non solo con la politica del Re Sole di Francia, ma anche con la costruzione di splendidi palazzi, come quello di Schönbrunn, che arrivò a un certo punto a competere con Versailles; facendolo così apparire come il "Re Sole di Germania". Pertanto procurò non poche perdite alle casse dello Stato per mantenere le spese dei lussi della corte di Vienna e gli oltre 300 musicisti che erano impiegati per allietare le sue serate.

Sensibile al progresso e alle scienze, Giuseppe I si interessò alla fondazione di nuove accademie in tutto l'Impero, garantendosi la fiducia del popolo con elargizioni e opere pubbliche, all'insegna del suo motto personale *Amore et timore* (con l'amore e col timore).

Nel 1699 Giuseppe I sposò Guglielmina Amalia, figlia del duca Giovanni Federico di Brunswick-Lüneburg e di Benedetta Enrichetta del Palatinato. La coppia ebbe due figlie e un maschio, che morì a pochi mesi dalla nascita.

Nella primavera del 1711 una terribile epidemia di vaiolo imperversò sull'Austria e lo stesso Imperatore rimase colpito, riuscendo apparentemente a riprendersi abbastanza bene. Il tracollo iniziò l'8 aprile, mentre si trovava a caccia nella foresta viennese, quando a un tratto i terribili segni della sua malattia apparsero evidenti e, il 17 aprile 1711, Giuseppe I d'Asburgo si arrese al terribile morbo, dopo solo sei anni di regno e senza prima essersi provvisto di eredi maschi.

Fu giocoforza, quindi, che alla sua morte il trono passasse a suo fratello Carlo.

Per i triestini in quest'anno 1705 la guerra era ormai abbastanza lontana, e tutto sarebbe potuto filare via liscio come l'olio, se non fosse saltata fuori una nuova questione con i soliti veneziani. Tutto cominciò quando si fecero vivi i pirati segnani e fiumani, chiamati "uscocchi". Questi sfegatati pensarono bene, senza dire né ai né bai, di assaltare un certo numero di navi veneziane, cariche di ogni ben di Dio, rimorchiandole via con loro e distribuendole fra Fiume, Bucari e Segna. Una di queste navi, che era carica di sale, la mandarono a Trieste e così i veneziani ebbero una buona scusa per fare come usavano prima: misero il blocco al nostro porto e proibirono a tutte le navi austriache di veleggiare per l'Adriatico. Solo che, come abbiamo già visto, Venezia non era più la Venezia di un tempo. Neppure l'Austria però.

La prima si vedeva benissimo che stava andando in vacca e che di là a poco sarebbe andata a pezzi, la seconda invece stava procedendo di gran carriera e così quel blocco a Trieste non le fece né caldo né freddo. Dagli archivi risulta infatti che durante quell'anno i triestini si papparono addirittura ottocento manzi e, se si calcola che a quell'epoca si mangiavano circa dieci chili di castrato per ogni chilo di manzo, salta fuori che dietro l'andazzo le cose andavano ben che mai e che il blocco veneziano aveva funzionato come una carrozza senza cavalli.

Le cose andavano talmente bene che, finalmente, i vecchi bacucchi nobili di casata - che tenevano in mano il Consiglio della città - ritenendo *"Esser necessaria per esercitio della gioventù ad attioni virtuose l'erettione d'un Teatro"*, concesse in via provvisoria l'uso di una sala sopra la Loggia comunale per rappresentazioni sceniche e balli. Ma ci vorranno altri 46 anni prima di veder allestito in un Palazzo di Piazza Grande un primo vero teatro dotato di palcoscenico e platea.

Tornando ai nostri imperatori a Vienna, mi sembra di vedere papà Leopoldo al momento della sua dipartita, con l'ultimo filo di voce rimastogli, raccomandare a Giuseppe genuflesso al suo capezzale *"Ricordati di proteggere la mia amata Triesteeeeeee..."* Infatti il magnanimo figliolo si adoperò subito a chiedere ai triestini una relazione sulle condizioni della città, nell'intento di dare nuova vita ai suo commerci e, già che c'era, a quelli dell'Austria.

Ma si sa che i triestini sono tanto ottimisti che, se gli chiedi *"Come va?"*, anche se sul portale della chiesa appena sposati con Miss Universo, tutt'al più rispondono *"Potrebbe andare meglio!"*.

Non c'è da meravigliarsi se i Rettori della città risposero alla richiesta dell'Imperatore con un memoriale, tristemente - mi va di dire "triestemente" - più desolante di una commemorazione dei defunti.

Dopo aver descritto la città, i danni che le arrecava il monopolio del sale e la differenza dei cambi negli approvvigionamenti, il memoriale riportava che il porto *"è capace ma poco frequentato"* e che la città, *"per il suo sito di molta conseguenza, ma in pessima constituzione"*, racchiudeva circa cinquemila anime.

Seguiva una minutissima descrizione del governo autonomo, di tutte le cariche civili e delle autorità spirituali. Inoltre, una protesta contro gli Ebrei, che con *"pregiudizio de Christiani"* avevano beni stabili, libertà di commercio e con l'usura, sfruttando i contadini, s'impadronivano delle terre del distretto.

In poche parole: *"Alla città non restava che la miserabile entrata dei vini, anche questa rovinata, perché i Transalpini preferivano comprare i vini dai Veneti e dai Friulani, nonostante gli ordini imperiali, e così toglievano alla città il sostegno principale e unico. Ma non il solo vino, bensì tutti i loro approvvigionamenti, tutte le loro merci Carnioli e Carinziani andavano a prenderli negli Stati veneti, evitando il mercato triestino, rifiutando persino di dargli i viveri. La rovina ultima sovrastava irrimediabilmente sulla città, dove mancava anche la pace, perché i capitani imperiali violavano gli statuti triestini e pretendevano regalie e tributi, a cui non avevano alcun diritto"*.

Il lungo memoriale si chiudeva ricordando che la città non poteva ancora riparare le case diroccate dal

Forbin e non aveva *"né un cannone, né uno schioppo, né un barile di polvere"*.

Pregavano i Rettori aiuto e salvezza, dichiarando che i cittadini erano pronti a provare, *"col profluvio del loro sangue e con le loro povere sostanze"*, la loro fedeltà: e il memoriale finì a dormire placidamente negli archivi imperiali.

Nel **1706**, mentre il memoriale dei Rettori nell'archivio imperiale, faldone "T" come "Triest", viene aspramente conteso tra gli acari della polvere e i topi dell'archivio, la vita procede nel solito tran tran, a parte una devastante grandinata, il cui ricordo sarà tramandato per generazioni.

Trieste era anche un buchetto di niente ma riusciva ancora a far gola. Ad esempio durante quell'anno i frati Domenicani chiesero di potersi stabilire in città, nella chiesa del santissimo Rosario, per istruire i giovani nelle lettere ma, a causa dell'opposizione dei Gesuiti, l'Imperatore negò il permesso.

Il Collegio dei Gesuiti era una vera forza in Austria e, in particolare, a Trieste, dove fu inaugurato nel 1620 con novantanove studenti scelti a bella posta per far funzionare meglio l'inquisizione perché a Trieste avevano bisogno di gente sveglia e istruita: qui da noi, le idee di Lutero e degli altri riformisti avevano fatto più furore che in altri luoghi, considerando che i triestini erano sì testardi più di un mulo, ma non certo dei bigotti oscurantisti. Dei primi novantanove allievi, cinquantadue erano di nobile casata, e questo determinò il fatto che tutta la futura classe politica triestina sarebbe stata perfettamente modellata sulle idee dei gesuiti - come del resto lo era stato Leopoldo I - e così sarebbe andato avanti fino al 1773, quando il papa Clemente XIV, arcistufo che la Compagnia di Gesù gli mettesse dappertutto i bastoni fra le ruote, con una firmetta e un possente *Amen*, la cancellò.

Vecchio palazzo prima del 1690

Nel **1707** Trieste vide completata la costruzione del nuovo *Palazzo del Comune* da maestranze non proprio sgobbone, dato che il lavoro fu eseguito sulle ceneri del vecchio palazzo di città, andato distrutto da un incendio nel 1690! Così, dopo un abbondante *licof,* i consiglieri, per festeggiare degnamente l'evento, decisero di rinnovare il loro *libro d'oro*, cioè *l'albo dei consiglieri municipali*, che sarà valido fino al 1809. E, l'anno seguente, la città ottenne finalmente il tanto desiderato riconoscimento dell'autonomia comunale.

In questo **1708** il governo di Vienna, come avrebbe detto un secolo dopo Napoleone *"sempre indietro di un anno, di un'idea e di un'armata"*, cercò nuove fonti di guadagno e pensa e ripensa dal pensare ricavò che dare slancio al commercio marittimo era l'ultima spiaggia dove, anche i triestini, potevano andare a sguazzare...

ma questo i triestini non lo sapevano ancora. Però si rendevano conto, con i tempi che correvano, che era meglio essere armati che disarmati nell'affrontare i pericoli e quindi diedero l'incarico a un certo Engelberto di Pluschau di istituire il Reggimento Fanti Ventidue, che poi diventò uno dei reggimenti del Litorale.

Fra le "cose di chiesa", nel seggio alla predica nella chiesa del Rosario, sorse una questione di precedenza fra gesuiti e cappuccini. Il magistrato diede la preferenza ai cappuccini, i gesuiti protestarono ma, non volendo affrontare il costo del tribunale, bontà loro si adattarono.

Finalmente, nel **1709**, il Comune di Trieste riuscì a spegnere la sveglia senza riaddormentarsi e, grazie a Giovanni Adamo Budigna, un triestino con i neuroni al posto giusto che, non per niente, deteneva la carica di esattore supremo della città, avanzò alla Corte di Vienna alcune sue proposte riguardanti la soppressione del contrabbando del sale e la *dichiarazione d'un portofranco a Trieste*.

Durante l'inverno il freddo fu talmente intenso che provocò una grande moria di ulivi.

Anche nel **1710** i coltivatori triestini non ebbero pace, dato che il 5 agosto imperversò una terribile tempesta di neve che spazzolò via tutte le coltivazioni del nostro territorio. I triestini sembravano destinati a nutrirsi solo di manzi e castrati, mentre i pescatori potevano finalmente comperare alle mogli persino gli orecchini "a piroli", tanto di moda.

Paolo Renier, penultimo doge di Venezia, molto probabilmentre diventò verde di rabbia quando il podestà di Capodistria che, evidentemente, *"non è figlio di Maria, non è figlio di Gesù e quando muore va*

laggiù" informò il Senato veneto dell'insolita novità che a
Trieste era stato costruito e armato un brigantino per dare la
caccia nelle acque fra Trieste,
Muggia e Sdobba, al contrabbando di sudditi imperiali che,
via mare, tentavano di importare vino, sale e olio, prodotti
per i quali i Triestini ritenevano

Paolo Renier

d'avere privilegi di monopolio. E non vi dico quando,
per di più, dalla rete di spie che i veneziani mantene-
vano alla corte di Vienna gli arrivarono alle orecchie
le prime notizie *"circa la disposizione de' Cesari di far
scala franca al porto di Trieste"*.

Nella primavera del **1711**
una terribile epidemia di vaiolo imperversò sull'Austria e lo
stesso Imperatore Giuseppe I
ne rimase colpito. Il trono così
passò al fratello più piccolo,
in quel momento sul trono di
Spagna col nome di Carlo III,
che abdicò per i suoi doveri in
terra d'Austria e un pacchetto
di "funzioni" quale Re d'Ungheria, Re di Boemia, Duca
di Milano, Parma e Piacenza,
Duca di Teschen, Arciduca
d'Austria e Signore di Trieste e,
come ciliegina sulla torta, nuovo Imperatore del Sacro Romano impero.

*Carlo VI imperatore del Sa-
cro Romano Impero nel 716*

CARLO VI D'ASBURGO
Vienna, 1 ottobre 1685
Vienna, 20 ottobre 1740

Carlo Giuseppe Francesco, figlio di Leopoldo I d'Asburgo e della sua terza moglie Eleonora del Palatinato - l'ultimo discendente maschio di Carlo V - venne alla luce a Vienna nel 1685. Il 1 agosto del 1708, nella Cattedrale di Santa Maria del Mar a Barcellona, si unì in matrimonio con la principessa tedesca Elisabetta di Brunswick-Wolfenbuttel-Luneburg.

Elisabetta, nella società di allora, era famosa per la sua raffinata bellezza, tanto da essere considerata una delle donne più belle al mondo. Dei quattro figli che ebbero, solo due figlie sopravvissero: Maria Anna e Maria Teresa. L'erede al trono Leopoldo Giovanni non visse che pochi mesi e all'Imperatore fu chiaro che, in assenza di eredi maschi, il suo regno sarebbe stato smembrato.

Nel 1713 quindi sancì la *Prammatica Sanzione* per affermare la legittimità di successione al trono alla linea femminile della sua discendenza e stabilire in tal modo il principio dell'indivisibilità dei suoi dominii.

"La prammatica sanzione di Carlo VI emanata dall'imperatore a Vienna, il 19 aprile 1713, allo scopo di assicurare le regole di successione nei suoi stati stabiliva che in difetto di successori maschi dovessero subentrare nell'ordine: a) le figlie dello stesso Carlo VI e loro discendenza; b) le figlie dell'imperatore Giuseppe I, fratello di Carlo VI morto nel

1711, e loro discendenza: sempre secondo il diritto di primogenitura, in guisa da salvare il principio dell'indivisibilità e unità dei territorî sottomessi al dominio asburgico.

La prammatica sanzione del 1713 contraddiceva quindi, per quanto concerneva la successione all'atto concreto, al Pactum mutuae successionis del 12 settembre 1703, stabilito dall'allora re dei Romani Giuseppe e dall'allora arciduca Carlo, in caso di estinzione della discendenza maschile poiché, a tenore del Pactum le figlie del primogenito Giuseppe avrebbero dovuto prevalere su quelle di Carlo (e infatti Carlo VI pretese atti di rinunzia dalle figlie di Giuseppe I, Maria Giuseppa e Maria Amalia). E questo doveva poi dare origine alle future guerre di successione. Tre anni dopo, morto appena nato Leopoldo, il primogenito di Carlo VI, delle clausole della prammatica sanzione venne ad approfittare la secondogenita e prima delle sue figlie Maria Teresa.

Maria Teresa nel 1730

Tre sono le vicende salienti che si rannodano alla persona di Carlo VI: La Guerra di Successione di Spagna; la continuazione delle guerre contro i Turchi; l'intenso sforzo per assicurare alla propria primogenita la successione nei territori ereditari e nell'Impero. La politica interna era tutta dominata da queste vicende, che causavano continua penuria di danaro, e costrinsero l'imperatore a essere remissivo verso i principi dell'Impero e verso il desiderio ungherese di autonomia, soprattutto in vista dell'accettazione della Prammatica Sanzione.

Nei primi tempi del regno si applicò molto agli affari: poi il suo zelo andò raffreddandosi, sebbene volesse che nulla fosse concluso senza la sua ratifica, sicché lasciava talvolta dormire a lungo affari importantissimi. In ogni caso, durante il suo regno, attuò delle riforme importanti per l'economia dei territori sui quali regnava; in particolare per la città di Trieste fece delle notevoli riforme, che posero le basi per lo sviluppo economico e strategico del futuro porto sull'Adriatico. Il 2 giugno del 1717, promulgava la *Patente di commercio per la Libera navigazione nell'Adriatico*, interrompendo definitivamente il monopolio della Repubblica di Venezia su quel mare. Nel **marzo del 1719** Carlo VI diede a Trieste e a Fiume lo status di ***Porto Franco***, gettando le basi per la Trieste moderna, facendosi promotore a Vienna della *Compagnia Orientale*, della quale fu il principale azionista. Nel 1728 Carlo fece una visita ufficiale a Trieste. La città per rendere omaggio all'Imperatore, che ne aveva avviato il cambiamento, gli dedicò un monumento che, a tutt'oggi, si trova nell'attuale Piazza Unità d'Italia: l'imperatore è raffigurato in piedi sopra una colonna mentre osserva il vecchio nucleo cittadino e con la mano indica il mare e il porto franco da lui istituito. Il poco tempo tra la notizia e l'imminente visita dell'imperatore, costrinse le autorità a usare un piccolo stratagemma: gli artigiani chiamati ad eseguire la statua dell'imperatore la realizzarono in legno e la dorarono, e così, dall'alto della colonna dove era posizionata accolse egregiamente Carlo VI. Nel settembre del 1756 la statua di legno dorato fu sostituita dall'attuale in pietra. I piani per Trieste non erano ancora finiti e, nel 1731, l'imperatore dispose l'acquisizione delle saline della città che si trovavano fuori Porta Riborgo. Questa bonifica diede il via alla costruzione della città nuova di Trieste. All'epoca della sua morte, le terre degli Asburgo erano sature di debiti: il tesoro imperiale conteneva meno di 100.000 fiorini e la diserzione di molti soldati dall'esercito aveva portato a una scarsa forza militare, ma resta il fatto che durante il regno di Carlo VI l'impero asburgico raggiunse la sua massima espansione.

Carlo VI morì il 20 ottobre 1740 a causa di un piatto di funghi, di cui era ghiotto e che, sfortunatamente, conteneva anche della velenosissima *Amanita phalloides*.

Porta riborgo e porta donota

Per quanto riguarda il **1712**, a parte le messe di requiem per il defunto Giuseppe e di alleluja per il nuovo Signore della città Carlo VI, anche se è proprio con lui che incominciò il periodo d'oro, al momento, a Trieste non cambiò alcunché, a parte l'inverno che portò su tutto il territorio una nuova ondata di freddo cane che, visto il passato, non si potrebbe neppure chiamare straordinario.

Nel **1713** si sentì qualcosa di nuovo nell'aria... anzi d'antico: per la liberalità del conte Mattia della Torre venne fondato il seminario di Trieste e, suvvia, chiedetemelo! A chi venne affidato il compito di maturare i germogli del clero triestino? Ai Gesuiti!

Anche Carlo VI da quel di Vienna si fece, benevolmente, vivo con la riconferma di tutti i privilegi del *senatus populusque tergestinus*, in parole povere del libero comune di Trieste, ma si riservò delle modifiche nelle cose doganali.

Durante l'anno Carlo VI - non avendo figli maschi - tirò fuori dalla manica una nuova legge: la Prammatica sanzione a favore della figlia Maria Teresa che, all'epoca, fece più scalpore che nel 1958 in Italia la legge Merlin. Non pensate che questo non toccasse minimamente i triestini perché, senza questo decreto imperiale, Maria Teresa sarebbe stata un'arciduchessina da dare in moglie a chissà chi e a noi chissà che beota di imperatore ci sarebbe capitato! Magari nemmeno un Asburgo, ai quali bene o male i triestini si erano affezionati.

Praticamente Carlo VI disse: *"D'ora in avanti i miei discendenti, maschi o femmine che siano, erediteranno sempre il trono, e gli altri che si arrangino".* Per i regnanti dell'epoca, arroccati sui loro troni di famiglia, era impossibile digerire questa pillola, tanto che per inghiottirla sono stati necessari trentacinque anni, battaglie a non finire e, da cosa nasce cosa, una montagna di morti. E, nonostante tutto, alla fine Maria Teresa dovette sopportare per tutto il suo regno la stampella di due palle ai piedi: prima quella di un marito inadeguato e poi quella di un figlio disobbediente. Per fortuna tutto il disastro procurato dalla sanzione capitò ben fuori le mura di Trieste, ma la stessa - interpellata in quanto città-stato austriaca del Sacro Romano Impero - ci mise sette anni per dire, nel 1720, che anche il *senatus populusque tergestinus* era d'accordo.

Nel **1714** i triestini non avevano ancora proprio da stare allegri, ma mancava poco per incominciare per lo meno a sorridere.

Gli Asburgo, originari dalla Svizzera, avevano impiegato quattrocento anni prima di scoprire che non esistevano solo i monti e che una nazione per diventare grande davvero - se ne aveva la possibilità - doveva poter usare anche le sue risorse sul mare ma, diciamo la verità, quando ci arrivarono cercarono di recuperare tutto il tempo che avevano perso.

La *Pace di Rastatt* tra la Francia e il Sacro Romano Impero che si concluse il 7 marzo e pose fine alla Guerra di Successione Spagnola non riportò al nostro Carlo VI l'abbandonato trono di Spagna ma gli assicurò i Paesi Bassi già spagnoli, i ducati di Milano e di Mantova, il regno di Napoli e di Sardegna, alcuni distretti bavaresi e, in terra polacca, la Galizia e la Lodomiria.

Si ripresero pure le relazioni internazionali interrotte dalla lunga guerra, con grandi vantaggi per Trieste in quanto Carlo VI confermò subito i privilegi commerciali di Trieste con Napoli e la Sicilia e invitò il suo governo a interessarsi dell'Adriatico e a far ricerche e studi per individuare i porti migliori.

Inoltre, il nostro Carlo dimostrò la sua benevolenza per la città, che praticamente gli apparteneva, facendo mettere un'iscrizione sul magazzino dei sali di Trieste, in memoria delle vittorie sui turchi, e in onore del principe Eugenio di Savoia. Unica menzione di personaggio tanto benemerito di Trieste.

Altri chiari segni della volontà di Carlo VI di rimboccarsi le maniche per realizzare una marina austriaca e rilanciare i traffici mercantili giunsero da Graz dove, nel **1715**, l'Imperatore aveva istituito un *Consiglio Commerciale* allo scopo di individuare la città con il porto ideale per propiziare quel rilancio del traffico interno che l'Imperatore vagheggiava da tempo.

La creazione di una marineria austriaca e lo sviluppo di vie di comunicazione idonee a favorire ogni tipo di contatto mercantile fecero sperare in una trasformazione e un potenziamento delle strutture triestine. Il consiglio domandò subito informazioni a Gorizia, dalla quale era ben difficile distinguere il mare dai campi di radicchio rosso, anche se ottimo in cucina.

Il 16 aprile **1716** in una seduta della Camera Aulica a Vienna, si deliberò di non tollerare più la politica adriatica della Repubblica veneziana e, su insistenza del principe Eugenio di Savoia, il Sacro Romano Impero di Carlo VI si decise a intervenire a lato della Serenissima nel conflitto scoppiato, nel 1714, tra l'Impero Ottomano e la Repubblica di Venezia.

Approfittando della circostanza di essere alleato di Venezia nella guerra contro i turchi, dietro suggerimento del solito principe Eugenio di Savoia, Carlo VI prese in mano la situazione ed emanò, il 2 giugno **1717**, una speciale patente, la cosiddetta *Magna Car-*

ta commerciale, che dichiarava libera la navigazione nell'Adriatico nonché l'entrata e l'uscita nei porti austriaci allo scopo di *promuovere, regolare ed aumentare il commercio negli stati ereditari e precipuamente nell'Austria interiore e nei porti di mare*. Garantiva inoltre ai naviganti coperti da paviglione imperiale la *protezione e la guarentigia dell'Imperatore, contro qualunque potentato che li turbasse o pregiudicasse minacciando di trattare alla stregua di pirati coloro che vi facessero ostacolo*.

La *Magna Carta commerciale del 1717*

In questo periodo per il porto di Trieste passava già diversa mercanzia: ferro, acciaio, mercurio, balle di fieno, cuoio, seta, legname lavorato e non, tela, mandorle, frutta, sale, uva passa, zafferano, sego, bestiame, olio, stoffe di lana e di seta e soprattutto, vino. Parte della merce - come il ferro, il mercurio, il legname, il cuoio e il vino - venivano esportate mentre altre arrivavano da fuori. Peccato che i veneziani pettinavano ancora con il *pettine fisso* l'Adriatico con la loro flotta, e tutte le navi che arrivavano su con i carichi migliori le spedivano dritte nei loro porti. Zucchero e caffè, per esempio, potevano arrivare a Trieste solo dopo essere passate per Venezia, e le barche che partivano dai porti austriaci dovevano domandare il permesso a loro. Le barche che partivano da Trieste dovevano in primo luogo recarsi a Capodistria per ritirare il *mandato di transito* e solo dopo erano libere di andare per i fatti propri. Non mancavano certo quelli che tentavano di fargliela, ma se le barche armate veneziane arrivavano a pizzicarli, i malcapitati ci rimettevano tutto: carico, barca e spesso anche la libertà, perché tanti li spedivano sulle galere a remare per grazia del Doge. Ed era stato così per secoli e secoli.

Per Trieste, quindi, non poteva esserci carta migliore di questa Magna Charta che, praticamente, imponeva ai veneziani di abbassare le ali nell'Adriatico, perché altrimenti gli austriaci li avrebbero abbandonati al loro destino e, dopo, con i turchi avrebbero dovuto arrangiarsi da soli.

In particolare per la nostra città la patente della *magna carta commerciale* venne a sancire ufficialmente la libertà di commercio dei comuni istriani con la piazza triestina. Venezia perse un importate privilegio, quello del monopolio sui traffici con l'Istria, mentre Trieste acquistò facoltà di intrattenere nuovi e promettenti rapporti d'affari con i comuni vicini, dato che, prima d'allora, chi voleva navigare o commerciare con i porti adriatici doveva ottenere il permesso da Venezia, altrimenti veniva considerato un contrabbandiere o un corsaro e trattato di conseguenza.

Carlo VI in questo proclama non si riferiva ad alcun porto in particolare, in quanto la libera navigazio-

ne gli pareva necessaria anche per congiungersi, fuori
d'ogni controllo veneziano attraverso Trieste o Fiume,
col Regno di Napoli, allora sotto suo controllo e, lungo
il Po, con la Lombardia. Inoltre, la negazione dell'asso-
luto dominio di Venezia e lo sviluppo d'una potenza
marittima austriaca potevano essere i primi passi per
l'acquisto della Dalmazia, connesso ai diritti della Corona ungarica.

La Repubblica di Venezia si trovò dinanzi al fatto
compiuto. La grave situazione della guerra turca le im-
pediva di agire efficacemente. Sembra, nell'agosto del
1717, che i veneziani volessero interrompere la guerra
e uscire dall'alleanza *"fondant leur prétexte de rompre
avec l'Empereur sur ce qu'il veut établir un port-franc à
Trieste"* come scriveva il marchese d'Entremont a Luigi
XIV.

Il Senato veneziano non proseguì nell'intento ma
attese l'anno seguente e dichiarò che si sarebbe opposto al principio della libera navigazione nell'Adriatico.
Ma si trovò contro non solo l'Austria ma anche la Francia e l'Inghilterra, abilmente portate a sostenere l'idea
Imperiale. Alla vecchia e gloriosa Repubblica veneta,
stremata dalle guerre contro i turchi, non rimase altro
che piegare il capo.

Ma ciò che davvero conta è che, per la prima volta
nei secoli, la supremazia navale e commerciale della
Serenissima stava declinando sempre più e andò così
che Venezia, ormai a mal partito, non se la sentì di reagire alla proclamazione del Sacro Romano Impero e
a Carlo VI rimase solo il problema di scegliere i porti
più adatti. Proclamata libera la navigazione, iniziato il
riordinamento delle strade, al quale furono chiamati
a collaborare anche i triestini, si poteva iniziare a trattare di istituire nell'Adriatico uno o più porti franchi.

Nel frattempo i goriziani, interrogati l'anno prima

sulla scelta di un sito dove istituire il porto franco, si diedero da fare e risposero, in punta di penna, che, a parer loro, per sviluppare adeguatamente il commercio marittimo austriaco, le franchigie dovevano essere accordate ai *porti di Duino, di San Giovanni al Timavo, di Cervignano e di Aquileia* e avevano anche la faccia tosta di insistere nelle loro proposte

L'intenzione di Carlo VI era rivolta, di preferenza, verso il litorale croato, per formare un porto franco a Buccari e a Portorè, mentre il Consiglio Commerciale di Graz, l'11 agosto 1717, diede il suo voto per un solo porto franco, da istituire a Fiume, votando contro Trieste perché *"Fiume è più vicina a Napoli, per riguardo della quale s'era pensato a un porto franco"* senza contare che non vedevano la necessità di crearne due.

Nel **1718** il sultano Ahmed III - per non continuare a prenderle di santa ragione - firmava la *pace di Passarowitz,* che in quell'anno concluse la guerra scoppiata quattro anni prima tra l'impero ottomano e la repubblica veneta, al cui fianco aveva messo il becco l'anno prima anche l'Austria. Per gli Asburgo, a parte qualche vantaggio territoriale nei Balcani, ciò che davvero contava era che, per la prima volta nei secoli, Venezia, ormai a mal partito, non se la sentiva di reagire né alle condizioni che la privavano del Peloponneso né alla proclamazione di Carlo VI della libertà di traffico nell'Adriatico con la Magna Carta commerciale. Senza contare che la sua supremazia navale e commerciale stava declinando irrimediabilmente, non a causa dell'Austria, ma di fronte all'ascesa della Francia e dell'Inghilterra.

Per i veneziani il fatto che Carlo VI avesse accettato la pace con i Turchi era, oltretutto, un colpo basso tremendo perché ormai la loro flotta all'Austria non serviva più. Anzi, era diventata solo un bell'intrigo.

In forza del trattato vennero siglati fra Ahmed III e Carlo VI anche accordi commerciali che attribuirono ai sudditi ottomani la libertà di commercio nel territorio della monarchia asburgica e garantivano ai rispettivi sudditi reciproca libertà di commercio su terra, mare e fiumi, che portò al grande impulso che ebbe a Trieste il commercio con la Grecia e la Turchia.

A questo punto, non solo Carlo VI, ma anche il suo Governo, compresero che nel nuovo assetto europeo era determinante dare una spinta ai traffici austriaci, anzitutto modernizzando le strade in terra ed estendendo il commercio anche sul mare, così l'astuto Carlo nostro, che di strada ne aveva fatta nella sua vita con tutto quel suo po' po' di troni, non perse altro tempo e fece mettere a posto le strade che dall'interno dell'Austria portavano al mare, migliorando in tal modo anche le vie d'accesso al porto di Trieste. Anche il Comune di Trieste, sebbene meno astuto del suo Signore, a sua volta incominciava a rendersi conto che, per progredire, bisognava uscire dalle vecchie e ristrette mura.

Ovviamente l'Austria non aveva ancora una flotta nell'Adriatico, ma prima di fare navi bisognava fare i porti e anche dare a questi porti un vantaggio rispetto a Venezia. L'unica soluzione era proprio quella di fare un porto franco dove le merci non pagavano dazio. Carlo VI questo lo sapeva benissimo ma, all'inizio, era molto indeciso sul dove perché, nonostante a Graz avessero già optato per Fiume, lui aveva sentito parlare bene anche di altri diversi luoghi: Bucari e Porto Re, per esempio, e anche Carlopago, Jablanaz, Segna, Duino e soprattutto Aquileia.

Per fortuna, però, i triestini ne imbroccarono una giusta e scelsero due ottimi ambasciatori: il barone Gabriele Marenzi e Casimiro Donadoni, due tipi che sapevano bene il fatto loro e che a Graz prima e a Vienna poi avevano saputo far valere la candidatura di Trieste, tanto che l'anno seguente veniva scelta insieme a Fiume per essere porto franco dell'Austria. Sembra però che, in quell'occasione, abbiano pesato molto anche le opinioni del principe Eugenio di Savoia e del principe Annibale Alfonso de Porcia, che quella volta era considerato come una delle migliori teste dell'Impero.

Il Donadoni entra a Trieste con la notizia della proclamazione del porto franco

Prevedendo lunghi soggiorni per coltivare le pubbliche relazioni e notevoli spese per ungere le ruote delle trattative, i nostri delegati si servirono alla grande delle generose donazioni dei patrizi triestini e, nel corso delle loro trasferte, sottoscrissero delle note spese stratosferiche. Infatti oltre ai costi delle diarie e dei pernottamenti, durati oltre sei mesi, figuravano consegne di innumerevoli orne di pregiati vini come il Prosecco, il Moscato e il Marzamino, le cui vigne erano allora coltivate in città e sui colli della costiera.

Oltre ai costosi viaggi in diligenza tra Graz e Vienna, non si risparmiò sugli omaggi nell'ambito dei ministri e persino dei loro servitori ma neppure sugli studi dei fondali marini, su una serie di mappe, piante e disegni dell'area portuale con tutte le dettagliate possibilità di una futura espansione urbanistica.

I risultati di cotanto lavoro e degli ingenti costi però non si fecero attendere molto e anche a Trieste arrivarono i relativi privilegi fiscali e doganali. L'intraprendente avvocato Donadoni presentò un'eloquente, precisa e serrata memoria, allegandovi una dettagliata pianta del porto di Trieste incisa in rame ma, astutamente, provvide pure a stilare dettagliate notizie sui porti, le coste e le correnti marine del Litorale austriaco chiedendo, come controfferta, ulteriori aiuti e privilegi che portarono alla nascita del grande emporio commerciale e all'inarrestabile sviluppo di magazzini sia imperiali che privati.

A ben vedere le argomentazioni dei nostri delegati, a prescindere dalle spese, dovevano essere state efficaci e davvero persuasive se Trieste riuscì a ottenere in breve tempo gli strumenti legislativi che la condussero alla futura grande espansione portuale e urbana della città.

Finalmente, il 18 marzo **1719**, Carlo VI fece redigere il diploma imperiale che concedeva la *patente di porto franco*, sia pure temporaneamente, *a Trieste e Fiume*, il che significava che tutte le merci sbarcate o imbarcate in questi due porti non erano più soggette al pagamento di dazi:

" (...) *Ogni trafficante, capitano di nave, patrono ed altri siffatti possono entrare liberamente, senza impedi-*

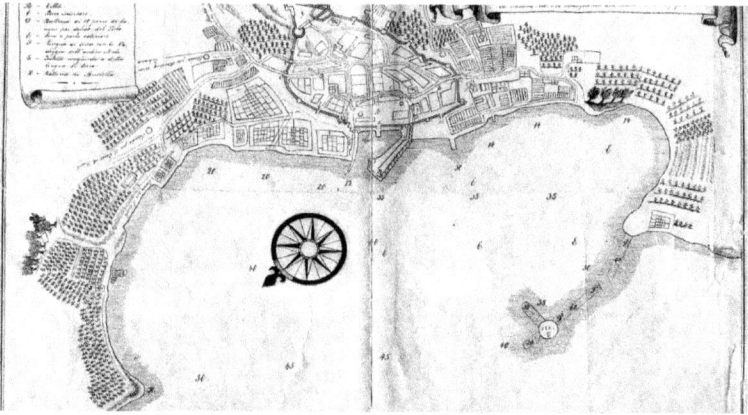

Incisione in rame nella domanda per l'istituzione del Porto Franco di Trieste

*mento, senza oneri, nel porto franco, ed uscirne; compe-
rare e vendere merci ed effetti, caricare e scaricare tanto
personalmente che mediante agenti e fattori, come meglio e più comodo sembrerà loro (...)"*

A Trieste il privilegio del punto franco era limita-
to solo all'abolizione dei dazi - *per sbarchi, imbarchi,
trasbordi o giacenze a terra non superiori ai nove mesi
nella marina compresa tra il futuro molo San Carlo e
Campo Marzio* - ma, lo stesso, è stato un grandissimo
giorno per la nostra travagliata città che, dopo secoli di
vita stentata trascorsi in assetto di guerra, poteva incominciare ad aspirare ad un periodo di benessere.

Nei disegni del governo di Vienna, l'introduzione
del porto franco mirava a promuovere l'esportazione
di manufatti e materie prime delle province austriache transalpine e la creazione di basi d'appoggio per
una grande compagnia commerciale che, detto fatto,
veniva fondata da Carlo VI con privilegio del 27 marzo
di quello stesso anno e prendendo il nome di *Compagnia Orientale:* capitale ammontante a un milione di

WIR Carl der Sechste / von Gottes Gnaden Erwöhlter Römischer Kayser / zu allen Zeiten Mehrer deß Reichs in Germanien / zu Hispanien / Hungarn / Böheimb / Dalmatien / Croatien / Slavonien und Servien / etc. etc. König / Ertz-Hertzog zu Oesterreich / Hertzog zu Burgund / Braband / Meyland / Steyer / Kärndten / Crain und Würtenberg / Graff zu Habspurg / Flandern / Tyrol / Görtz und Gradisca / etc. etc. Entbieten N. allen und jeden Unseren getreuen Inwohnern / und Unterthanen / was Würden / Stands / Ambts / hohen und nideren Befehls / oder Weesens die seynd / welche allenthalben in Unseren Erb-Königreichen / Fürstenthumben und Landen / als in Hungarn / Böheimb / Dalmatien / Croatien / Slavonien / Servien und anderen neuen Conquisten / Item in Oesterreich / Tyrol / Steyer / Kärndten und Crain / wie auch Görtz / Gradisca, Triest, St. Veith am Pflaumb / und in allen übrigen unseren J. Oe. Erb-Landen / Meer-Küsten / und Porten wohnen / und sich alldorten sesshafft befinden / oder sich künftig daselbsten unterrichten / und nidersetzen werden / Unsere Käyserlich- und Lands Fürstl. Gnad / und alles Gutes / und thun hiemit kundt allermänniglich. Demnach in dem von Uns mit der Ottomanischen Porten jüngsthin geschlossenen Frieden / unter anderen

A

auch)

Patente Imperiale del Porto Franco 1719

talleri; azionisti di maggioranza lo stesso Imperatore e la lotteria di Vienna.

Sebbene la madre degli stupidi sia sempre incinta, *no se pol* negare il fatto che, dalla proclamazione del porto franco in poi, Trieste non ha fatto altro che crescere, prima pian pianino, poi sempre più veloce, fino a diventare non solo l'emporio di un impero ma soprattutto uno dei più importanti porti europei; come, certamente, *se pol* far tanto di cappello a Carlo VI che, dall'alto della sua colonna in Piazza Grande, con il suo braccio teso ci dice ancora: *"Questo l'ho fatto io!"*

Nel **1720** la Compagnia Orientale, della quale Carlo VI era azionista di maggioranza, si era beccata subito tutti i permessi e le licenze possibili e immaginabili, tanto che il cantiere della Compagnia - che era situato all'incirca là dove oggi c'è il Teatro Verdi - avrebbe potuto costruire anche nei e parrucche con o senza cipria. Solo che per fare navi, vele, cavi, ancore, cannoni, pentole, vasi da notte o qualsiasi altra cosa, comprese le summenzionate parrucche, ci volevano artigiani del mestiere e a Trieste, all'epoca, come operai specializzati eravamo piuttosto messi male, perché se togliamo via i Nobili e i Patrizi, che per mestiere avevano solo quello del *Piero Pomiga,* il rimanente dei cittadini si divideva in un ottanta per cento abbondante di contadini dalle scarpe grosse senza cervello fino e in un dieci per cento di salinari e pescatori duri di comprendonio. Quel dieci per cento che manca va diviso fra bottegai diversamente onesti, artigiani diversamente abili, faccendieri diversamente intelligenti e donne diversamente vergini.

Acquistati i terreni dove oggi si trovano il Tergesteo e la Camera di Commercio, la Compagnia Orientale impiantava un cantiere e preparava dei magazzini.

Già durante quest'anno varava - per lanciare nel commercio la sua prima nave - il *Primogenito*, costruito con maestranze fatte venire dall'Italia e da Amburgo. Buoni auspici che non daranno i frutti sperati.

La città incominciò a estendersi a nord delle mura, al posto delle saline, di cui riprodusse nella rete delle vie il disegno geometrico: il nuovo quartiere venne chiamato *Borgo Saline o Città Nuova*.

La Compagnia Orientale aprì anche la prima fabbrica di birra in Trieste, il flusso dei nuovi arrivati incrementò di continuo, tanto che il Comune assegnò alla Compagnia il terreno per seppellire i protestanti.

I patrizi del Consiglio triestino, dopo sette anni, approvarono l'ormai ben nota *Prammatica Sanzione*, ma sotto sotto, con un insolito lampo di genio, ribadirono in tal modo il fatto che il *libero Comune di Trieste* era - e doveva continuare ad essere considerato - uno *Stato separato e autonomo*.

Entrata nel Canal Grande della Città Nuova di Trieste

Nel **1721** la Compagnia Orientale portò in breve tempo una ventata di novità - in una città chiusa dentro le mura a piangere il morto per fregare il vivo- e creò una struttura di base che sviluppò, anche se lentamente, una nuova mentalità anche da parte degli indolenti triestini, sebbene per questioni giurisdizionali - dato che la Compagnia Orientale accampava quasi diritti sovrani sui terreni da lei acquistati fuori le mura - sorsero continue e aspre controversie con il Comune di Trieste che, costretto dall'alto, dovette calare le brache.

In questo stesso anno, in previsione dello sviluppo portuale della città, Carlo VI diede disposizioni per la costruzione a Trieste di un nuovo lazzaretto per la quarantena e la purificazione di navi, merci e persone in caso di malattia sospetta. Infatti anche Trieste, come tutte le città portuali, un tempo era soggetta a frequenti epidemie di colera, vaiolo e peste, che provocavano numerosi morti nelle popolazioni. Dal 1500 al 1650, cioè in 150 anni, si erano ripetute nel territorio triestino ben 15 epidemie di colera, tanto che il circondario e soprattutto il Carso erano così poco abitati che lo stesso Governatore imperiale, come pure il Comune, favorirono lo stabilirsi di gruppi di slavi per ripopolare il territorio. A quei tempi le epidemie viaggiavano in fretta e si propagavano rapidamente perché mancavano precise regole sanitarie e non si conosceva l'origine di queste malattie. Comunque è chiaro che molte di queste epidemie erano provocate dall'arrivo di qualche veliero con ammalati a bordo, i quali poi, scesi a terra, contagiavano la popolazione.

L'Imperatore decretò inoltre la formazione a Trieste di una flotta da guerra austriaca nell'Adriatico e - per sostenerne il costo della costruzione - usò le rendite che riceveva dal regno di Napoli. Concesse ai navigli triestini l'onore dell'uso della bandiera imperiale.

Anche il commercio si estese ben oltre l'Adriatico arrivando fino al Portogallo.

Ma non tutto è oro quello che luccica. Alla solenne dichiarazione del porto franco e all'invito rivolto ai mercanti stranieri alcune navi arrivarono a Trieste. Ma non trovarono commercianti disposti ad acquistare le loro merci o a scambiarle con altre. Va da sé che il tentativo fallì e, ovviamente, la voce si sparse e tenne lontani i mercanti forestieri dal ritentare l'impresa.

Il sistema del porto era mal organizzato: immune da tasse e da dazi l'ingresso e l'uscita dal porto; immune il trasbordo da nave a nave, ad eccezione di alcune merci; facoltà agli stranieri di vendere nel porto; immunità a persone bandite da altri Stati che volessero prendere dimora in città, ma, d'altro canto, nessuna immunità doganale dentro la città o sulla terra ferma, a parte in alcuni magazzini. Divieto, inoltre, di vendita al minuto poiché la franchigia era esclusivamente per i commerci di valore superiore ai cento talleri.

Inoltre, alla Compagnia Orientale venne subito concesso - in contrasto alla vera natura del porto franco - quasi il monopolio dei commerci, un vero monopolio per la costruzione delle navi di grande stazza ed eguale monopolio per i commerci con tutto l'occidente, ai quali la Compagnia si rivolse, nonostante il suo nome.

I privilegi si accumularono a favore della Compagnia Orientale della quale, va ribadito, Carlo VI era l'azionista di maggioranza. Si creò una serie di connessioni tali che il porto franco e il commercio sembravano non esistere, se non in quanto esisteva la Compagnia e a suo esclusivo beneficio.

L'opera di Carlo VI sembrava arenarsi in un mare di difficoltà, a causa soprattutto delle difficoltà ambientali adatte più ad ostacolare il commercio che a promuoverlo: il porto franco a Trieste doveva fronteggiarsi con una città-stato di tipo feudale con un Comune, retto da vetusti parrucconi, teso alla difesa dei vecchi privilegi acquisiti nel 1382 e della sua "libertas", nonché refrattario a tutte quelle novità e genti in cerca di fortuna apportatrici di scompiglio. Un porto pieno di barriere doganali interne e di divieti di transito; non attrezzato per l'attracco di velieri di grande stazza; senza banchine e senza magazzini per accogliere le merci e locande per ospitare i commercianti e, per di più, penalizzato dalla mancanza di buone vie di comunicazione. Senza contare che la Compagnia Orientale, che avrebbe dovuto essere l'elemento essenziale dei traffici, finì invece per ostacolarli, in particolare a causa dei vincoli monopolistici che deteneva e che scoraggiavano l'afflusso di altri capitali.

Nel 1721 il boicottaggio esercitato da Venezia, che continuava a sottoporre a visita doganale tutte le navi circolanti nel golfo, non mancò di far sentire il suo peso. La necessità di salvaguardare gli equilibri politici costrinse Carlo VI ad un umiliante compromesso: tutte le imbarcazioni uscenti da Trieste dovettero adeguarsi a navigare senza bandiera, onde evitare al prestigio imperiale lo smacco del controllo veneziano.

Carlo VI ordinò a tutte le città, Trieste inclusa, che si concedesse ai padri della Compagnia Orientale di tenere le così dette Missioni.

Iniziarono gli scavi del fondale del mandracchio per poter ospitare vascelli di stazza maggiore e, visto questo, Carlo VI inviò giù da noi il *primo regio costruttore navale*, un certo Fockse Gerssen, il quale molto probabilmente ha disegnato i progetti del *San Carlo* e del *San Michele*, le due navi che il cantiere della Compagnia Orientale varò l'anno seguente.

La Repubblica veneta, nonostante le apparenze, non aveva più l'autorità di un tempo, e già dal **1722** il suo rigore doganale si attenuò, sbloccando la situazione per i triestini.

Carlo VI pubblicò la *prima legge cambiaria* per Trieste, assoggettando la città, in tal modo, per la prima volta ad una legge austriaca e nominò i primi consoli delle nazioni greca e turca.

La Compagnia Orientale fu ammessa alla partecipazione di tutti i privilegi e diritti dei cittadini di Trieste e continuò a estendere i commerci con fabbriche di telerie, indiane e seterie. Le furono inoltre concessi nuovi privilegi per la costruzione di navigli della lunghezza di oltre sessanta piedi, fabbricazione di gomene, catrame, ancore, cannoni, vele, bandiere e attrezzi per vent'anni; per il vasellame di rame per quindici anni; per il commercio con il Portogallo e il Ponente per dodici anni; per una raffineria di zucchero per vent'anni.

La Compagnia varò due vascelli, il *San Carlo* e il *San Michele*, che salparano per il Portogallo. Fatto notevole si aprirono anche relazioni commerciali con vari stati italiani.

Nel **1723** dopo un'ennesima diatriba, Carlo VI fece da pacere e risolse le questioni tra la Compagnia Orientale e la città di Trieste, dove istituì un tribunale mercantile.

Nel frattempo, la Compagnia Orientale incominciò da avere delle difficoltà economiche e fu costretta a cedere il suo cantiere navale al Governo austriaco. Il cantiere venne chiamato *Arsenale della flotta militare* e venne trasformato in un vero e proprio arsenale militare, nel quale furono costruiti quattro vascelli, tra cui una feluca a 18 remi e 54 cannoni di piccolo calibro destinata al grado di ammiraglia della nascente flotta. In realtà l'Arsenale della Flotta Militare ebbe appena dieci anni di vita, durante i quali costruì alcune navi da guerra, naturalmente in legno, che fecero una fine ingloriosa: affondate nel fango come la feluca San Carlo o, come le altre, vendute a furbi armatori veneziani che le trasformarono in golette da carico.

Dopo il primo regio costruttore Fockse Gerssen, Girolamo Davanzo è stato il secondo esperto ad essere assunto come regio costruttore di navi in Trieste ma venne, in questo stesso anno, sostituito da un certo Rinaldo Boyer, ugonotto francese.

La costruzione dell'arsenale di Trieste, al pari di quello di Buccari, venne affidata al comando del danese Daichmann, che fu nominato vice ammiraglio.

Nel frattempo proseguivano i lavori del nuovo Lazzaretto, che erano quasi a buon punto.

Nel **1724** l'imperatore Carlo VI dispose che tutte le merci provenienti dalla Stiria e dalla Carinzia o dirette a quelle province, seguissero la via Trieste-Senosecchia-Postumia, la futura *Via Commerciale*.

Sulla terraferma venne iniziata la costruzione dei magazzini per le merci del nuovo lazzaretto, che verrà ultimato nel 1731, e venne istituito l'ufficio detto di consegna delle merci.

Nel **1725** l'imperatore emanò il regolamento per i Magazzini entro cui era ristretto il porto franco: poco dopo una patente sovrana fissò nuove franchigie per Trieste e per Fiume; vennero date precise disposizioni disciplinari per dare una vigorosa spinta al risveglio commerciale della città.

In particolare l'articolo IX della nuova *Instruzione della patente del Porto Franco* stabiliva: *"gli esteri eser-*

citanti la mercatura nei Porti Franchi, le loro famiglie, serventi o fattori non dovranno essere molestati né nelli beni, né nelle loro persone per causa di debiti contratti fuori dei Nostri Stati Austriaci, se non nel caso, che gli stessi dopo fatta convenzione ed accordo, dovessero essere pagati nei Nostri paesi austriaci, o che li Nostri sudditi ne fossero con essi impegnati. Parimenti non dovranno li medesimi essere arrestati e puniti per alcun delitto da loro commesso fuori delle Nostre Province Austriache".

Venne stilato il regolamento per i magazzini che dovevano essere costruiti per poter accogliere le merci in attesa dell'imbarco o appena sbarcate e in attesa del compratore. Queste costruzioni, dapprima provvisorie, furono erette nella zona delle saline che si andavano interrando.

Quando Carlo VI volle arrogarsi il diritto di nominare un giudice regio nella cerchia dei tre giudici rettori della città di Trieste, il Consiglio comunale fece le sue rimostranze e, questa volta, l'Imperatore lasciò perdere.

Nel **1726** le grandi potenze marittime si opposero alle disposizioni dell'Austria per diventare una potenza marittima e furono fatti vari tentativi di dissuadere l'Imperatore tramite l'arcivescovo di Valenza e del marchese di Rialp, ma nessuna opposizione avrebbe potuto distogliere Carlo dal suo proposito, tanto che la Compagnia Orientale comprò dai Marenzi un terreno in santa Caterina e vi istituì un ospizio per ragazzi, allo scopo di introdurli nella cantieristica nautica.

Il colonnello tenente Matteo Antonio Weiss fu incaricato delle costruzioni nel porto di Trieste e il capitano Filippo Bellando venne nominato comandante dell'arsenale.

Nel **1727** il Comune di Trieste fece ristampare gli Statuti che, per secoli, avevano governato la città.

Fu istituito in città un tribunale di appello per le cause mercantili, mentre nel regio *Arsenale della flotta militare di Trieste* veniva varata la nave da guerra *Elisabetta*.

A causa di una marea straordinaria l'acqua del mare salì a tal punto che trapassò la piazza e apportò grandissimi danni nelle botteghe, magazzini e cantine di vino, olio, corami, tele, ed altre considerabili merci.

Trieste nel 1728

L'Imperatore decise fosse giunta l'ora di scendere a Trieste il 10 settembre **1728** e rendersi conto di persona dell'andamento del porto franco dopo nove anni di franchigia portuale. Il Comune lo accolse con grande letizia e, studia e ristudia, finì per arruffianarsi il Carlo con la solita colonna arricchita dalla sua marmorea statua eretta nella piazza Grande e sulla quale firmò con la formula romana: *senatus populusque tergesti-*

79

nus. Come a dire: *"Maestro, dovete metterlo bene nella vostra aulica testa che noi siamo e sempre vogliamo essere un libero comune".* La statua ebbe uguale sorte di quella del padre Leopoldo I, ancora oggi, i due Imperatori dominano dall'alto delle loro colonne sulle due più belle piazze della città.

Leopoldo I in Piazza della Borsa   *Carlo VI in Piazza Grande*

" (...) Quando si annunciò l'arrivo della Maestà Imperiale, seguirono quattro mesi di convulsi preparativi, in quanto a Trieste nulla si trovò di quanto servisse per una cotale visita. Si mandarono uomini a cercar ogni cosa nelle terre venete, dal fieno per i cavalli del seguito ai broccati per gli stendardi e per i baldacchini. Si cercarono a Venezia "100 stramazzi e coperte e lenzuola e gli abiti alla spagnola per il corteggio", nonché "quattro piatte con felze e cuscini e 8 remi". Si rimisero a posto gli ottantatre fanali e si gettò rena e segatura per le strade strette e fangose. Si dipinsero le facciate delle case. Venne trasportato tutto il letame dalle stalle di città (...)"

Per offrire un soggiorno degno del suo rango im-

periale venne scelto l'Episcopato, dove furono allesti-
ti nuovi alloggi per l'esimio ospite e il suo seguito, gli
stallaggi per i cavalli, i magazzini per le vivande e le
cantine per la scorta dei vini più prelibati.

Durante la sua permanenza in città, che si protrasse quel tanto che basta per rompere le scatole, Carlo
VI ricevette una speciale ambasceria della Repubblica
veneta inviata a Trieste per riverirlo e, in questa botta
di vita durata tre giorni si rese conto che per creare un
vero porto franco e un grande emporio commerciale
dovevano non solo essere interrate le saline ma, in
particolare, dragato un canale a mo' di porto interno
destinato a scalo delle merci e costruiti sulle sponde
capienti magazzini per il deposito delle merci.

Carlo VI riceve gli ambasciatori veneti

Subito dopo l'arrivo in città incominciarono a circolare le voci, riportate dai cocchieri e dai servitori,
sullo splendido futuro di Trieste con l'allestimento di
un Canal Grande come porto interno, della flotta navale, dei magazzini merci e di tutti i piani di ingrandi-
mento urbanistico.

Per stimolare ulteriormente gli entusiasmi del popolo, i giudici rettori della città provvidero a distribuire a piene mani delle grandi quantità di pane e otri colmi di vini bianchi e rossi che, senza alcun dubbio, riempirono gli animi di entusiasmo imperiale!

Nel **1729** gli stati del goriziano reclamarono da Carlo VI la libertà dei commerci, la libertà delle strade e l'eguaglianza delle dogane. Inutilmente: la strada della Stiria e della Carniola fu mantenuta la sola per il commercio e gli unici emissari Trieste e Fiume. Anche le merci della Germania dirette in Italia e viceversa vennero dirette attraverso Trieste.

Ma nonostante il porto franco, non tutta la città e non tutto il commercio godeva dell'esenzione daziaria. Il commercio al minuto ne era escluso ed era un guaio grosso, la città chiese di permetterlo almeno per il periodo di una Fiera. La Commissione aulica approvò e la *Fiera di san Lorenzo,* con patente dell'agosto 1729, venne concessa da tenersi l'anno seguente.

Durante il **1730** l'imperatore Carlo VI fece ancora un ennesimo tentativo per migliorare la situazione a Trieste e fece espropriare la zona delle grandi saline fuori Porta Riborgo per ampliare e disporvi la nuova città. Poco danno per i triestini dato che, ormai, le saline si erano trasformate in una palude maleodorante e inutile, dato che dalle Puglie arrivava un sale migliore e a bassissimo costo. Le vasche e i canali vennero riempiti con i sassi e la terra scavati dal colle di Montuzza (oggi tra la via Silvio Pellico e parte della Piazza Goldoni). Il terreno così ottenuto venne concesso a tutti quelli che desideravano costruirvi case e magazzini. Sorse così, oltre le mura della città, un agglomerato di case e baracche, chiamato *Borgo*, nel quale si insediarono forestieri e avventurieri di tutta l'Europa, venuti qui in cerca di fortuna: tutta gente che i vecchi Triestini tenevano in grande disprezzo e li chiamavano *borghesi o borghigiani*.

In città vennero istituite delle pese pubbliche per uso commerciale e, nella prima settimana di agosto, nell'edificio dell'arsenale si aprì, con grande solennità e con la nomina di apposito commissario, la prima privilegiata Fiera di San Lorenzo. Nuove speranze e nuove più amare delusioni. La fiera di Trieste venne allestita praticamente in continuazione di quella di Sinigaglia e i preparativi vennero fatti all'ultimo momento e male e fu un vero insuccesso. Vi parteciparono qualche mercante lombardo ed emiliano con tessuti *"la maggior parte però residui di bottega o magazzeni che non havevano potuto esitare altrove"*. Pochi erano anche i tedeschi, che dichiararono di aver sofferto per la malaria diffusa dalle saline impaludate fuori Riborgo e di non voler venire mai più a Trieste in quella stagione. La fiera aperta fra solennità varie e feste rumorose venne chiusa nella malinconia.

Purtroppo l'istituzione del porto franco non mostrava ancora alcun giovamento alla città che agli inizi del secolo contava 6.000 abitanti e trent'anni dopo ne contava duemila di meno dato che, in quell'anno, dopo il primo vero censimento, contava 4.144 abitanti, compresi 108 ebrei e 301 forestieri residenti.

Le ragioni della mancata ripresa dell'economia cittadina erano in parte dovute agli stessi triestini. La concessione del porto franco era ridotta alla zona portuale fuori le mura dov'era situato una specie di luogotenenza imperiale retta da funzionari di Vienna. La città, invece, era ancora chiusa dentro il perimetro delle mura, guidata dal Consiglio cittadino che continuava ad emanare gli Statuti e che vigilava per non perdere alcuna delle libertà concesse nel 1382 da Leopoldo il Lodevole, che duramente aveva mantenuto attraverso i secoli.

Il 24 marzo del **1731** iniziarono i grandi lavori per il nuovo rione e, nel mentre proseguivano, il nostro Carlo pensava già che meritava allargare Trieste anche dall'altro lato, fra Cavana e il Lazzaretto. Per la città, insomma, il destino oramai si era messo in moto, e l'unico freno era quello dei Nobili e dei Patrizi che, a quel punto, si era diviso in due partiti, che possiamo chiamare uno dei *progressisti* e l'altro dei *conservatori*. Nel primo c'erano solo quattro gatti spellacchiati, nel secondo qualcuno di più ma - con tutto ciò che era più forte - era lo stesso destinato a perdere la partita perché il progresso può essere bloccato solo dal Padreterno e, a ben vedere, non aveva alcuna intenzione di farlo.

Grande impressione suscitò in città un nuovo decreto: il 25 marzo venne dichiarato il fallimento della Compagnia Orientale che - proprio a causa della mancanza di artigiani professionisti - si era bloccata a mezza strada. Il nostro beneamato Carlo, seppur sbottando in un: *"ma è mai possibile che debba fare tutto io?"*, cercò di rimediare alla situazione spingendola a lasciar perdere la disastrosa impresa industriale e a dedicarsi invece al commercio e, non solo, dato che si era messo in moto, recuperò quel tanto di astuzia che gli Asburgo tenevano in conserva per i momenti di bisogno e, per far sì che il commercio funzionasse, fece aprire le porte della città ai mercanti forestieri senza badare di quale razza e di quale religione fossero, e senza dar troppa bada a quante macchie avessero sulla fedina penale. Andavano bene tutti: bastava che avessero le saccocce piene di moneta sonante e che fossero pronti ad adoperarla per aprire una qualsiasi attività. E sembra che fosse già in arrivo un consistente numero di personaggi intenzionati a far fortuna a Trieste dato che il Comune, a sue spese, fece sopraelevare l'antica *Locanda del Porto,* cambiandole anche il nome in *Locanda Grande.*

Carlo VI però, aveva sempre quel chiodo fisso nella testa di creare una flotta tutta sua.

Si riaprì la Fiera di San Lorenzo, che non ebbe un successo migliore della prima edizione, soprattutto perché nessun provvedimento veramente utile fu preso per facilitare il commercio: anzi, una relazione della Compagnia Orientale mostrava che le strade tra la Carniola e il mare erano ridotte in uno stato miserando. Peggio ancora: la *Camera aulica* di Graz impose nuovi dazi sul transito in modo da rincarare il trasporto delle merci attraverso l'Austria. Quindi vi arrivarono solo commercianti italiani. Tutta la città si sollevò contro questa nuova tariffa doganale, tanto che il governo fu obbligato a sospenderla per tutta la durata della fiera. Approdarono una settantina di bastimenti, ma le merci rimasero incagliate. Novantadue sensali

Piazza grande, da sinistra la Locanda grande, Torre mandracchio e teatro

popolarono la fiera, dei quali cinquanta erano ebrei, mancarono però capitali e affari e, nuovamente, il fallimento fu completo.

Alla fine la Muda di Cattinara, l'ufficio daziario di entrata e uscita e movimentazione delle merci, fu soppressa e le vettovaglie per uso della città rimasero immuni da gabelle, nel mentre la *Sopraintendenza del commercio* si installò in Trieste.

Nonostante tutte le proteste del Comune e le furiose proteste dei nobili parrucconi locali - in quanto da sempre la nomina di tutti e tre i giudici della città spettava solamente al Comune - Carlo VI approvò la deliberazione dell'Intendenza e della Camera aulica, che disposero la nomina diretta di uno dei giudici rettori triestini da parte dell'Imperatore.

La Compagnia Orientale, già fallita e in liquidazione, ma sempre forte della protezione imperiale, pretese nuove esenzioni daziarie. Il Consiglio di Trieste trovò intollerabile da parte della Compagnia questa ennesima sottrazione d'entrate alla giurisdizione comunale e scrisse una vibrata protesta all'Imperatore. Dopo un preambolo di esagerata cortigianeria, scrisse:

"Qui appunto, Sacra Cesarea Regia Maestà, cada in ristretto la fatalità, per così dire inesplicabile, dell'infelice città di Trieste, stabilita per sovrano volere in emporio del commercio (...). Ma non mancano emoli, che sotto specioso manto d'utiliar l'erario della Maestà Vostra Cesarea, quasi fossero li primi negotianti del mondo, et avessero ad arricchire gli stati austriaci, prima d'introdursi al commercio, non che di stabilirlo, già pretendono di regolare il politico, levar l'economico, distruggere il giurisditionale, insomma far nove leggi; et invece di riguardarci come sudditi della S.C.R.C.M. vostra d'originaria et privilegiata nobiltà, tramano di farci schiavi et a loro soggetti: né si prenda per iperbole questa verità,

perché abbiamo l'attestato giurato di tali espressioni. Bell'augurio et preludio delle nostre fortune et dei nostri posteri! (...).

Così è S.C.R.C.M. questi sono li disegni di taluni, sempre inimici del pubblico bene di questa città, poiché tendono all'esterminio della medema, et dei suoi patritii (patrizi), tuttoché usiamo con essi le finezze possibili per renderli affettuosi (...)".

Potrebbe darsi, da quanto si può capire, che il contenuto di questa lettera fosse più o meno questo: *"Caro Imperatore, ma le sembra giusto che questa città debba cambiare le sue regole solo perché deve funzionare meglio il commercio? Andrà a finire che tutti questi forestieri, che vengono qui con i loro soldi e le loro novità, prima o dopo adopreranno i nostri Statuti per incartarsi la merenda".*

Potrebbe anche darsi che Carlo, incuriosito, letta da capo a fondo la lettera abbia chiamato uno dei suoi sofisticati ministri.

"Tò, guarda" gli abbia detto: *"Non riesco a capire cosa diavolo vogliono ancora questi triestini! Però guarda là, che bella carta morbida! Prendi qua: falla in quattro pezzi e appendila dove sai".*

Beh, forse non è andata proprio in questo modo, dato che la città non rispondeva alle sue aspettative non solo a causa della sua povertà, ma anche per ben altre ragioni: delusa dai commerci e tormentata, soprattutto, dal timore che, sotto tanti tralazzi commerciali, si sarebbero seppellite pian piano tutte le sue antiche istituzioni.

La protesta andò più in là di quanto comportasse l'entità della nuova richiesta della Compagnia Orientale ma, dentro, vi si riversò tutto il rancore di tanti smacchi sofferti dai nobiluomini del Consiglio e tutto il timore dei malanni, che potevano venire dalle autorità costituite in Carniola. La mentalità dei patrizi, poveri in canna, ma orgogliosi della loro nobiltà e del loro antichissimo governo, dei loro statuti e della loro decantata origine romana, era in duro contrasto con quella degli stranieri, che usavano il loro volere dispoticamente, e degli speculatori, che non conoscevano altro valore se non quello dell'oro sonante. I mercanti, i nuovi venuti, qualche nuovo arricchito, non tralasciavano occasione per irritare i patrizi. Un giorno volevano togliere il dazio sull'olio, un altro volevano importare liberamente vini forestieri, un altro ancora proclamavano di far cambiare dall'Imperatore il nome della città. Il 22 settembre del 1731, con una specie di verbale, il Consiglio invocò l'intervento del Capitano presso l'Imperatore. Riconoscevano alla Maestà il desiderio di far risorgere il commercio. Ma questo avveniva sotto infausti auspici, *"attesoché tre o quattro mercanti domiciliati o desiderosi di domiciliare collimano alla ruina della città et prostituzione della nobiltà e cittadinanza, giaché sboccatamente vantano di obbligarci a dover fare li sarti, zappatori con molte altre temerarie espressioni (...)"*.

Il *Lazzaretto di san Carlo* fu completato nella zona di Campo Marzio, dove la barriera che si stava costruendo tra la terraferma e lo Scoglio dello Zucco offriva un relativo riparo ai vascelli che avrebbero dovuto sostarvi per la quarantena, ed iniziò a funzionare. Constava di un alto muro di recinzione, con feritoie e posti di vedetta, che racchiudevano due grandi cortili. Vi si accedeva attraverso un bel portale ad arco che si apriva accanto all'edificio che ospitava gli uffici amministrativi e sanitari. All'interno c'erano i magazzini per le merci, alcuni edifici minori, anche adibiti a dormitori, e una piccola cappella che, in onore dell'Imperatore, venne dedicata a San Carlo. Da questa chiesetta

Lazzaretto di San Carlo

il luogo prese il nome di *Lazzaretto di San Carlo* e, successivamente, *Lazzaretto Vecchio* (Il Lazzaretto di San Carlo ebbe in seguito vari usi, attuale sede del Museo del Mare, è in corso di trasferimento nel polo museale del Porto Vecchio di Trieste). Era fatto divieto di scontare la contumacia in altri porti che a Trieste, per poter essere ammessi nel nostro.

In questo gennaio **1732**, che il progresso non si possa bloccare diventò ben evidente quando Carlo VI impose la nomina di Gabriele de' Marenzi, capo della fazione a lui fedele, a *Giudice cesareo* con priorità di rango e di rispetto agli altri due giudici poiché l'Imperatore, con questo atto, incominciava per davvero a intromettersi negli affari del Comune, pretendendo di cambiare la clausola dei vecchi Statuti che stabiliva la nomina dei tre giudici rettori della città di diritto esclusivo del *senatus populusque tergestinus,* come a dire del *Consiglio dei cittadini.* E dire che glielo avevano anche firmato in chiaro latinorum sulla base della colonna in Piazza Grande! Ma dato che è difficile far comprendere a chiunque ragioni che non siano le sue, figuriamoci ad un Imperatore del Sacro Romano Impero!

Vane furono le proteste del Consiglio e di gran parte della classe dirigente triestina che provocarono reazioni a catena. Il Comune fu letteralmente costretto ad abbassare le brache e così, da quella volta in poi, la scelta di uno dei Rettori della città rimase nelle imperiali mani di Carlo.

L'intendenza sospese il pagamento del dazio comunale sull'olio: Felice Calò, appoggiato dai due rettori avversi a de' Marenzi, riscosse ugualmente la tassa, giungendo a malmenare un commerciante che rifiutò di pagare il dazio.

L'Imperatore, con le sue belle gatte da pelare, aveva pur sempre un occhio di riguardo per la sua città sul mare tanto che, alle volte, si occupava anche di cose che per lui potevano essere di scarso rilievo ma che, a ben vedere, erano molto importanti per la vita dei cittadini e ordinò al Comune di fare una fontana saliente sulla piazza di Trieste.

Questo fu l'ultimo anno della Fiera di San Lorenzo. Vi parteciparono solo tedeschi e italiani, poi venne sospesa, per mancanza di profitto a causa del perdurare della guerra di Napoli.

Nel **1733** i lavori per estendere la città procedevano ormai a tutta birra. Le saline venivano prosciugate continuamente con il materiale di scavo portato via da San Giusto, poco fuori la porta Riborgo, e già che ce n'era in abbondanza lo usarono per imbonire anche un tratto del canale della Portizza. All'improvviso i lavori si bloccarono di colpo perché era scoppiata una nuova guerra, che poi fu chiamata la *Guerra per la Successione Polacca*. Si fermò tutto, anche il commercio; a questo punto la Compagnia Orientale andò definitivamente a rotoli - non tanto per la guerra quanto a causa degli errori di agenti inesperti e delle ruberie dei più furbi - e si trovò quindi costretta a liquidare le aziende e a vendere i materiali a prezzo di stralcio. La Compagnia Orientale si sfasciò, colpita dal biasimo universale. Aveva invaso tutti i campi produttori di ricchezza: acquistato signorie in Carniola per sfruttare i boschi; eretto una fabbrica di "indiane" e seterie e altra per la produzione della birra; costruito nei pressi di Ronchi uno stabilimento per la tessitura del lino e a Linz un altro per le lanerie. Possedeva una flottiglia di navi per i grandi viaggi e di "trabaccoli" per quelli con le città di costiera e per la corrente del Po, e i suoi cantieri si estendevano su una vastissima area cittadina. Con il fallimento trascinò nella sua rovina anche quel poco di commercio che finora le era stato possibile concretizzare. Alcuni dirigenti non si persero d'animo e aprirono nuove aziende personali, risollevando lo spirito pubblico che si era abbattuto e rialzando le sorti dell'Emporio.

Con la guerra a due passi si rese necessario studiare come difendere meglio la città nel caso che qualche esaltato avesse tentato di venire con una flotta a cercar guai in golfo per bombardarla, come aveva fatto il Forbin 32 anni prima; va così che il 17 giugno del **1734** entrarono in porto tre galeoni napoletani (all'epoca Napoli apparteneva agli Asburgo) con a bordo duemila uomini. Li comandava Giovanni Luca Pallavicini, un genovese da tre anni ammiraglio della flotta austriaca. Il Pallavicini notò subito che, per quanto riguardava le difese, Trieste era già a pezzi: le mura erano ancora quelle medievali, i cannoni del castello e del mandracchio erano vecchi e scadenti e, per di più, la Sanza di San Vito - una fortezza costruita nel 1627 sul colle di

San Vito, che dal 1690, quando un fulmine provocò l'e-
splosione della santa barbara al castello di San Giusto,
era usata come polveriera - era proprio una fortezza
per soldatini di piombo: a un comandante in gamba,
per conquistarla, sarebbe stato sufficiente far sbarcare
un drappelletto di uomini a Chiarbola, perché da quella parte San Vito non aveva la minima difesa.

Il Pallavicini allora si rimboccò le maniche e fece
disporre batterie un poco dappertutto lungo tutta la
costa. Il Lazzaretto San Carlo e il castello di San Giusto
vennero dotati di artiglierie in difesa del porto; sul colle San Vito vennero sacrificati tutti i vigneti e spianati
i terreni per erigere una struttura poligonale dotata di
cannoni e circondata da profondi fossati mentre nel
Forte San Vito furono eseguiti dei lavori strutturali.

A Trieste, in quel periodo, vi erano più militari di
passaggio che popolazione, e l'unico lato positivo era
quello che la guerra, qui da noi, non si era neppure
degnata di dare uno sguardo. Anche se la guerra non
aveva toccato Trieste, la città era egualmente disastra-

La Sanza di San Vito

ta, perché una moltitudine di carri strapieni di materiale venivano giù per la nuova strada che collegava Klagenfurt con Lubiana passando per il Passo de Loibl, e come arrivavano qui scaricavano subito tutto e dopo ripartivano di gran carriera a raccogliere altro materiale. In città si vedevano sacchi, botti, casse e ceste un po' dappertutto, e poi galeotti, militari e civili che sgobbavano come formiche. I triestini allora si sono come persi, perché erano abituati a vivere in una cittadina tranquilla dove tutti si conoscevano per nome, e dove le cose camminavano via lisce e regolari sul filo delle stagioni come nel calendario di Frate Indovino. Adesso, invece, in tutto quell'andirivieni non si capiva più niente, saltavano fuori uno dopo l'altro nuovi problemi, e per risolverli c'era bisogno di personale specializzato, proprio l'unica cosa che mancava.

Alcune notizie di questo periodo riportavano che per la guerra di Lombardia passarono cinquecento croati per Trieste; l'Arsenale di Trieste venne recintato di muro; l'artiglieria civica di Trieste era formata da

Il Castello di San Giusto

cento bombardieri, quattro caporali, quattro vice caporali, suddivisi in quattro squadroni. Ma questo era ancora niente in confronto al fatto che il commercio rimase paralizzato completamente per oltre due anni.

La flotta austriaca del Pallavicini uscì dal porto e fece qualche presa di navi alle foci del Po: ma poi si chiuse ingloriosamente dentro il mandracchio triestino, a coprire le carene di molluschi e a poltrire mentre il Pallavicini assumeva il comando della città: una forca alzata in permanenza fuori Porta Riborgo insegnava come intendesse tale comando; carpentieri e marinai furono obbligati, con la minaccia della galera, di portarsi a Belgrado in forza all'armata danubiana.

Le sconfitte degli austriaci in Italia, la perdita del napoletano e, con ciò, di alcuni di quei pochi mercati che erano collegati a Trieste, prostrarono tutte le forze. Alle baracche della Fiera venne tolto il legname per costruire nuove navi: i magazzini e il lazzaretto San Carlo, finito nel 1731 in Campo Marzio, furono trasformati in caserme e batterie.

La vita continuava anche in tempo di guerra, tanto che durante l'anno Carlo VI istituì la *Suprema Intendenza Commerciale del Litorale* (ossia il Küstenland comprendente Trieste, Aquileia, San Giovanni di Duino, Buccari, Porto Re, Segna e Carlopago) allo scopo di incrementare i rapporti commerciali tra i paesi Italiani e quelli teutonici del dominio asburgico.

Incurante delle difficoltà del momento la Confraternita dei Nobili di Trieste chiese all'imperatore Carlo la concessione di una stella d'oro a tredici punte, da portarsi da cadauno dei membri. La richiesta venne negata. Iniziò, probabilmente da questo rifiuto, l'opposizione dei patrizi triestini, da sempre timorosi di perdere l'indipendenza comunale della città concessa nel 1382.

L'imperatore, con la guerra in corso, diede ben volentieri alcune lettere di marca ad armatori di Trieste, come pure ai Zantioti capitano Nicolò Mainati e al fratello Giovanni, primi tra i greci domiciliati in Trieste, che diventarono così dei corsari triestini patentati in quanto la lettera di marca o patente di corsa, era una garanzia emessa, in tempo di guerra, da un governo nazionale che autorizzava dei gruppi di privati ad assalire e catturare bastimenti mercantili di una nazione nemica.

Nel **1735** scoppiò la Guerra austro-russo-turca (1735-1739), dichiarata dall'Impero russo e Arciducato d'Austria contro l'Impero ottomano: da parte delle potenze alleate per continuare l'espansione verso il Mar Nero e da parte degli Ottomani per incrementare la propria presenza nei Balcani.

I bombardieri di Trieste aumentarono di centotrenta unità; altri trecentosessantasette furono giudicati atti alle armi. Il nobile Giacomo de Leo, volontario in Ungheria, morì di peste.

Crescevano gli armamenti e le spedizioni di guerra mentre il commercio diminuiva di continuo.

La conseguenza più visibile di tutti questi insuccessi commerciali e di tutte queste iettature fu che la città - che nel 1699 aveva 5.700 abitanti dentro le mura e 7.480 nel territorio - nel 1735 aveva in tutto una popolazione di 7.250 persone (di cui, considerati anche 301 forestieri e 108 israeliti, solo 3.865 residenti in città). Era dunque scaduta ancora e doveva perderne altri, perché proprio nel luglio del 1735 furono sfrattati tutti *i forestieri di stati esteri e tutte le persone inutili per essere di peso alla città.*

A Trieste fu varata la prima fregata *Elisabetta,* alla quale seguono altre due, la *Maria Teresa* e la *Maria Anna,* nomi delle figlie dell'Imperatore.

Finalmente l'ammiraglio Pallavicini uscì con la flotta da Trieste. Mai partenza fu salutata con tanta gioia!

Nel **1736**, una lieta notizia: Maria Teresa d'Asburgo, figlia di Carlo VI, andava in moglie a Francesco Stefano di Lorena il quale, l'anno seguente, diventò Granduca di Toscana. Quando, nel 1740, Maria Teresa salirà al trono il marito preferirà tenersi in disparte e occuparsi non di politica ma di questioni tecniche e amministrative inerenti lo Stato.

Il dissidio tra il Comune e il Governo si inasprì con l'uscita di una patente imperiale che aveva in programma la costruzione di un nuovo rione che facesse territorio a sé, senza che il Consiglio dei Patrizi potesse metterci in alcun modo il naso. A tale scopo il Governo costituì il cosidetto *Distretto camerale o Borgo delle saline,* che tolse ogni giurisdizione al Consiglio e alle autorità cittadine sul territorio dove, ormai, s'interravano le saline e sorgevano i magazzini. Questo, in parole povere voleva dire che, nel nuovo rione, i Patrizi non erano i benvenuti e, se volevano passarci per una sbirciatina, dovevano farlo in punta di piedi.

Maria Teresa d'Asburgo e Francesco Stefano di Lorena

Si costituì così la *Città Nuova di Trieste,* togliendola alla giurisdizione del magistrato; ne fu approvato lo scompartimento e si aprì il libro fondiario. La giurisdizione spettava, fino a nuovo ordine, al capitano di Trieste nella parte politica, camerale e penale, al tribunale mercantile nella parte giudiziaria. Era in questa città nuova che i mercanti e artisti potevano godere dei privilegi e delle immunità accordate dalle patenti di porto franco, mentre la *città vecchia* ne era esclusa.

Come se non bastasse, il tribunale mercantile di Trieste, presieduto da Pandolfo Federico Oesterreicher, membri gli ex soci della Compagnia Orientale, fu affidato soltanto ai negozianti.

Ed era solo l'inizio, perché fra poco, sotto l'occhio materno di Maria Teresa, quel rione sarebbe diventato sempre più grande, più vivo e più ricco. La città vecchia, invece - quella chiusa dentro le sue mura medievali dove tutto funzionava ancora come nei secoli passati - oramai non poteva avere che un solo destino: quello di trasformarsi pian pianino in una specie di dormitorio per poveracci che non coltivavano più campagne, e non pescavano più nulla perché guadagnavano di più, e con meno fatica, facendo i facchini e i manovali per i signori della città nuova. I vecchi triestini, i triestini veri, erano destinati a sparire e, insieme a loro, la lingua e l'antico orgoglio, che ormai annegavano ogni sera nel vino, bruciando le paghe nelle osterie.

Quello che non erano riusciti a fare i veneziani in quasi cinquecento anni di lotta, riuscirono a farlo i soldi in meno di cinquanta. La Trieste vecchia, la Trieste vera della Dedizione all'Austria, delle Tredici Casade e dell'antica parlata tergestina di stampo ladino incominciò a morire proprio quella volta, nel 1736, un'agonia che durò poco; grazie all'arrivo a Trieste di migliaia di imprenditori e commercianti forestieri, in breve si arrivò a quella parlata di stampo veneto, con la quale tutti avevano inziato a intendersi e a svolgere i loro affari, tanto che, all'epoca, era stata definita la lingua *cosmopolitica*. La lingua cosmopolitica che, sebbene abbia passato alti e bassi a cappellate, è ancora ben viva e vegeta a Trieste ed è chiamata semplicemente *triestino*.

Nel **1737**, nonostante il proseguo della guerra, Fiumani e Bucarani, battendo bandiera ragusea, mantennero vivo il commercio del sale tra il regno di Napoli e Trieste. La città di Trieste si espanse ancora di più e, in città, arrivò anche un certo Giovanni Curtovich, che diventò uno dei più facoltosi mercanti della prima generazione di commercianti serbi giunti, quell'anno, per la prima volta a Trieste .

Nel **1738** terminò finalmente la Guerra di Successione Polacca. Appena in tempo perché gli austriaci le stavano prendendo di santa ragione e quando decisero di mollare la presa si ritrovarono senza il Regno delle Due Sicilie, arraffato da Carlo di Borbone; ma anche volatizzate Novara, Tortona e qualche pezzettino delle Langhe sgraffignati da Carlo Emanuele di Savoia.

Perduto il Regno di Napoli, la ragione principale per tenere navi armate, Carlo VI ordinò il disarmo e lo scioglimento della flotta da guerra austriaca e licenziò la truppa e i marinai. I vessilli furono depositati nelle chiese di Trieste, quello dell'ammiraglio in San Giusto.

Il Pallavicini rinunciò all'ammiragliato e non fu sostituito ma, come se non bastasse, la flotta austriaca venne offerta in vendita al governo veneto che, conoscendone le condizioni, oppose un fermo rifiuto.

Ma c'è di più, nel porto di Trieste affondò il vascello *San Carlo* che, con un rigurgito di taccagneria, fu lasciato sullo stesso posto per costruirvi, in seguito, sulla sua carcassa un molo che prese, chi l'avrebbe mai detto, il nome di *Molo San Carlo*.

Una relazione scritta per la Commissione del Commercio nel 1738 da un certo Jordan, consigliere aulico della Boemia, mostrava in quali condizioni si trovasse allora Trieste:

"Le vie d'accesso pessime: le strade cittadine così strette che non potevano passarvi due carri affiancati. Le merci si scaricavano in piazza: una sola pesa e una sola bilancia, in una viuzza, dove i carri non potevano muoversi. Non vi era né fondaco, né tettoia: le merci destinate alle spedizioni giacevano spesso sulla pubblica via, esposte alle intemperie e ai furti. Banchi e baracche delle fiere non erano che mucchi di legname marcito. Il mandracchio in buona parte era insabbiato. Tre galere della disciolta marina, vuote e immobili, ingombravano il porto nel mezzo: altre occupavano gli spazi destinati al commercio. Il San Carlo, con la carcassa semi affondata, ostruiva l'ingresso del porto. Le navi mercantili facevano fatica a penetrarvi e spesso non riuscivano. Abbattuto un muro del Lazzaretto per farne batteria, la contumacia ne soffriva e vi era pericolo di infezioni, tanto che le navi levantine non venivano più, perché obbligate a far la quarantena ad Ancona. Sporca era la città interna: le immondizie si gettavano nel fossato delle mura e ammorbavano l'aria. Vi erano ancora acque stagnanti nelle saline e malaria. Ruggini e dissidi tra carradori e mercanti e tra mercato e mercanti. Pessimo il sistema doganale, dominato dall'arbitrio. Ostinato l'ostruzionismo che, a base di dazi, faceva Venezia".

Anche se il centro della guerra piange, la periferia non ride, nondimeno a Trieste nessuno poteva più fermare la macchina che si era messa in moto prima con il porto franco, poi con la Compagnia Orientale e, dopo ancora, con quest'ultima guerra. Il cantiere, infatti, era oberato di lavori e varò altre due fregate, la *Marianna* e la *Maria Teresa,* e il progetto del nostro buon Carlo per la città nuova, incominciò a marciare più svelto di prima. Fuori la Porta Riborgo i galeotti non arrivavano neppure a battere il selciato che ecco: arrivavano subito altri che lo battevano, e dopo i militari che piantavano paletti e bandiere, tiravano corde e misuravano per dritto e per traverso. I triestini guardavano, si grattavano la testa e non capivano un cavolo... a parte i soliti bacucchi parrucconi che, dopo aver controllato mentalmente tutto il lavoro, se ne andavano via, sempre senza comprendere un tubo ma brontolando: *"Sti gnochi no i capissi un tubo..."* (nel parlar forbito: Questi tedeschi non capiscono un cavolo!

Il 18 settembre **1739** finì anche la Guerra austro-russo-turca e Carlo VI sottoscrisse con l'impero ottomano il *trattato di pace di Belgrado.* Con questo trattato l'Austria perse gran parte dei territori strappati ai turchi con la *pace di Passarowitz,* conservando solo il Banato, mentre la Piccola Valacchia (oggi Romania), il nord della Serbia con Belgrado e una striscia di confine con il nord della Bosnia tornarono all'Impero ottomano.

In città continuava il tran tran dei nobili parrucconi, che brontolavano più di una pentola di fagioli in ebollizione; i nuovi arrivati che avevano finalmente trovato il paese di Bengodi; i mercanti che si sfregavano le mani dalla soddisfazione; il popolino che, non sapendo che pesci pigliare, si sfogava nelle osterie e il governo di Vienna che emetteva editti e patenti imperiali a raffica.

Il 20 ottobre **1740** l'imperatore Carlo VI spirò per un peccato di gola, lasciando, ahinoi, la sua amata terra d' Austria priva di eredi maschi.

Con la morte di Carlo VI i regnanti europei presero atto che, dopo ben tre secoli di ininterrotto possesso, gli Asburgo perdevano la corona imperiale. Ma non sapevano ancora quale fantastica donna fosse la sua figlia prediletta, l'arciduchessa d'Austria Maria Teresa, che subentrò al posto del padre a ventitre anni, quando sembrava solo una gran bella ragazza che, agli uomini, poteva far drizzare non solo i capelli ma anche i peli del naso... ci vollero anni di sanguinosa guerra prima che tutti cambiassero idea.

MARIA TERESA D'ASBURGO
Vienna, 13 maggio 1717
Vienna, 29 novembre 1780

Nel 1740 salì al trono Maria Teresa, uno dei sovrani asburgici più famosi e più lungimiranti dei regnanti d'Europa.

Alla morte del padre Carlo VI -nonostante la Prammatica Sanzione emanata nel 1713- l'ascesa al trono di Maria Teresa era men che sicura data l'impossibilità della stessa non solo di ottenere la corona imperiale del Sacro Romano Impero, la quale era preclusa alle donne dalla legge salica, ma anche il titolo di "Imperatore d'Austria" in quanto neppure in vigore fino al 1804.

Inoltre, nonostante le ambizioni di Carlo VI, la sua successione al trono non fu accettata sia dalla

Dieta di Francoforte che da molti monarchi contemporanei e la seguente "Guerra della successione austriaca" coinvolse la maggior parte dei Paesi europei.

Anche se viene spesso definita "Imperatrice d'Austria" nella cultura pop, Maria Teresa era arciduchessa d'Austria, regina d'Ungheria e di Boemia e potè assumere il titolo di imperatrice solo quando il consorte Francesco Stefano di Lorena fu incoronato imperatore del Sacro Romano Impero nel 1745. Per di più, per poter mantenere salda la sua posizione, dovette sopportare la coreggenza di due, anche se molto amate, palle ai piedi: dal 1740 al 1765 il marito Francesco e, dal 1765 alla morte di Francesco, il figlio Giuseppe.

Per far valere i suoi diritti Maria Teresa dovette affrontare sanguinose battaglie e, solo con il trattato di Aquisgrana, riuscì a consolidare la sua posizione di arciduchessa, al costo della Slesia sgraffignata da Federico II di Prussia, purtroppo senza essere in grado di riconquistarla nella successiva Guerra dei Sette Anni.

Maria Teresa con Francesco e i figli

Durante il suo regno, Maria Teresa stabilì molte riforme nello spirito dell'Illuminismo. Nel 1749 iniziò a riformare l'amministrazione e introdusse tra gli altri lo "Staatskanzlei" (registro statale).

Le sue riforme includevano anche l'esercito e portarono alla creazione dell'Accademia militare di Wiener Neustadt, che esiste ancora oggi ed è una delle più antiche accademie militari del mondo. Una seconda scuola ancora esistente, che affonda le sue radici in Maria Teresa, è l'Accademia diplomatica di Vienna, istituita nel 1754 come "Accademia orientale" per addestrare diplomatici e rappresentanti della monarchia asburgica.

Inoltre Maria Teresa cercò di migliorare la situazione degli agricoltori riducendo la servitù della gleba e una riforma del sistema educativo portò all'introduzione delle scuole elementari che divenne obbligatoria. Tutto ciò porta alla modernizzazione attraverso la monarchia. Nonostante ciò Maria Teresa non era così popolare con la sua gente mentre viveva e una certa idealizzazione iniziò solo con le generazioni successive. Nonostante ciò, è la più famosa fra i suoi parenti.

Maria Teresa, inoltre, ebbe il grande merito di scegliersi i consiglieri giusti, più di tutti il principe Kaunitz che, all'epoca, era il miglior cervello che si potesse trovare in Europa. È grazie proprio a questi suoi consiglieri che l'Imperatrice riuscì a far partire e muovere gli ingranaggi di quello che oggi chiamiamo *Riformismo austriaco* che, fra l'altro, ha raddrizzato anche parecchie cose in Lombardia e a Milano, dove ancora oggi persiste un buon ricordo di Maria Teresa, forse ancora più del nostro, che ha dovuto attendere il suo trecentesimo compleanno per essere riconosciuto e portato in piazza, come il nonno Leopoldo e il padre Carlo.

La sua politica matrimoniale le aveva procurato il soprannome di "suocera d'Europa" e con ben 16 figli (11 femmine e 5 maschi) aveva un sacco di materiale con cui lavorare. Aveva sposato suo marito per amore e indossava solo il nero dopo la sua morte.

Non ebbe timore di vaccinare, per primi, i propri figli dato che aveva visto morire, proprio di vaiolo, due di loro mentre, nel 1767, lei stessa e ben altri tre figli ne furono colpiti. Con tutti i suoi tredici figli sopravvissuti fu una madre attenta e premurosa, nonostante il grande cruccio di avere per marito Francesco I, un indomito donnaiolo che, comunque, lei amò a tal punto da diventarne l'inconsolabile vedova.

Alla morte dell'amatissimo marito, il figlio primogenito Giuseppe II fu eletto Sacro Romano Imperatore con il ruolo di co-reggente; a causa delle loro personalità piuttosto divergenti, Maria Teresa ebbe con il figlio un rapporto complicato.

Giuseppe II con la madre

Maria Teresa aveva qualifiche superiori alla media dei regnanti e il figlio Giuseppe II non le fu da meno. Forse i tempi erano semplicemente maturi, forse ebbero la fortuna di essere circondati da ministri molto in gamba ma, di certo, questo fantastico duo asburgico, fece uscire i popoli del loro Impero da un'età ancora oscura proiettandoli, magari a calci, verso l'età moderna.

Per quanto riguarda direttamente la nostra città, l'Imperatrice prese un importante provvedimento: chiunque era perseguitato a causa di vedute politiche o religiose poteva trovare a Trieste un rifugio sicuro dove lavorare e vivere. Un'immunità che, da sola, spiega il vertiginoso aumento della popolazione, lo sviluppo della città e del suo porto commerciale. A Trieste arrivarono non solo ricercati, avventurieri e povera gente, ma anche banchieri, commercianti, uomini di cultura, in particolare Greci, Italiani, Ebrei, Tedeschi, Slavi e chi aveva spirito d'iniziativa e fiuto negli affari poteva in poco tempo accumulare enormi fortune.

Concedendo alla città larghe franchigie, Maria Teresa prima e, più tardi, il figlio Giuseppe riuscirono nel difficile compito di aprire la città al mondo: imponendo la costruzione del Borgo Teresiano e l'abbattimento delle antiche mura, incorporarono la città vecchia alla nuova, aumentando in tal modo la superficie urbana tanto da poter accogliere l'incredibile afflusso di lavoratori, mercanti e avventurieri che, ben presto, giunsero da tutta l'Europa. In particolare promulgarono a Trieste ben tre *editti di tolleranza* che davano, via via, libertà di culto e di lavoro a tutti gli abitanti di Trieste e, persino, alla comunità ebraica, che di certo l'Imperatrice non amava. Le religioni furono liberate e patenti vennero rilasciate a greci, serbi, tedeschi, svizzeri, francesi e inglesi giunti a Trieste.

Promosse molte iniziative locali come lo scavo del Canal Grande e la prima sistemazione della Sacchetta e, ancora, l'istituzione della Borsa, il palazzo della Luogotenenza (attuale Prefettura), nonché la scuola nautica. Non tralasciò di migliorare la Sanità con la costruzione di un nuovo acquedotto, l'orfanotrofio, un grande ospedale e, come per tutto il resto dell'Impero, disponendo vaccinazioni obbligatorie contro il vaiolo.

Non si può negare che Maria Teresa, anche se grazie ai suoi consiglieri e ai suoi co-reggenti -nominati non solo per reggere il moccolo di imperatori del Sacro Romano Impero- è riuscita a cambiare in meglio tutti i paesi sotto il suo governo e lo ha fatto senza prepotenze, inventandosi un'amministrazione perfetta dove il cittadino era un cittadino rispettato e non un suddito sottomesso. E anche se non ha mai messo piede nella nostra città, la Trieste in cui viviamo oggi è nata proprio grazie a suo nonno che l'ha capita, a suo padre che ne ha posato le fondamenta e, in particolare a lei, che l'ha costruita e seguita come fosse una delle sue figlie.

Il canal grande con il Ponte Rosso e Vecchia Chiesa di S. Antonio

Maria Teresa stava ancora pregando durante l'orazione funebre del defunto padre che, in questo **1741** iniziò a dar di matto Federico II di Prussia, mettendo subito in discussione la *prammatica sanzione*. Secondo lui quella legge non aveva alcun valore e la ragazzina avrebbe fatto bene a fare subito fagotto prima che nascessero guai seri. Ma quando tutti si gettarono su di lei come falchi incazzati, Maria invece di calare la crinolina, tirò fuori un carattere che nessuno se lo aspettava da una giovincella come lei, affrontando la situazione meglio di un uomo. Si mise a raccogliere soldi a destra e a manca per comprare armi e pagare la truppa, svendendo persino la roba di famiglia. A Trieste, per esempio, diede via tutte le proprietà della Corona e oberò di tasse quei pochi che potevano permettersi di pagarle: commercianti, artigiani e gli immancabili ebrei.

Volendo essere spudorati, per Trieste la Guerra di Successione austriaca fu solo un bene: infatti le navi arrivavano e partivano ininterrottamente e un mucchio di gente in quei quattro anni si fecero fior di soldoni. Di certo non i vecchi triestini che di commercio non capivano un accidente; i soldi se li facevano solo quelli che erano arrivati e che continuavano ad arrivare a bella posta: gente forse poco istruita ma sveglia, capace di rischiare e di cogliere al volo le occasioni, e Trieste, in quel periodo, per chi sapeva darsi da fare, era meglio di un parco dei divertimenti con lo zucchero filato a colori e i giri di giostra gratis. Invece i vecchi triestini, soprattutto i parrucconi, erano tagliati fuori a rodersi il fegato.

Basta vedere: se si tolgono le cariche amministrative, da quella volta in poi nella storia di Trieste non si trova un triestino vero e proprio neppure a pagarlo a peso d'oro: i nomi di quelli che hanno fatto fortuna, di quelli che dopo hanno fatto bella e grande la nostra città, sono tutti di gente foresta o dei loro figli nati nella città nuova. Erano italiani, tedeschi, greci, dalmati, ebrei, armeni, inglesi, svizzeri... non mancava neppure l'egiziano, ma un triestino-triestino, proprio, non si trova neppure per scommessa.

E poi bisogna ammettere che sono vere tutte e due le cose: che Maria Teresa è la madre della Trieste di oggi, della Trieste che ha la sua particolare parlata, di quella Trieste che conosciamo e che è nostra, o che forse noi siamo suoi, vallo a sapere, però nello stesso tempo è anche quella che ha dato il colpo di grazia alla Trieste vecchia di quei quattro duri di comprendonio che non si erano mai sottomessi a Venezia.

Tralasciando l'opposizione da parte di tutte le nazioni europee, alla sua ascesa sul trono del padre, torniamo a Trieste, dove Maria Teresa si trovava a dover affrontare tutti i problemi di un porto franco e di una città mercantile ancora nel caos di un difficile travaglio, ma i tempi erano ben diversi da quelli che avevano preceduto il porto franco! Maria Teresa incominciò subito a rimboccarsi le maniche e affrontò come un ariete avversari e avversità, ben comprendendo la necessità di disporre di un porto ben attrezzato e di una città attraverso cui incanalare i commerci verso il Mediterraneo occidentale e orientale. Pertanto iniziò subito a dar luogo a tutti i progetti di espansione urbanistica e portuale già ideati dal padre, espendendo le immunità doganali e organizzando gli empori commerciali per trattare sia le merci importate che quelle riesportate via mare. Possiamo ben dire, quindi, che tutto è incominciato quando Maria Teresa decise che meritava mandare avanti i progetti di suo padre.

Finalmente il governo austriaco riuscì a liberarsi della flotta che, alla fine, fu comprata a prezzo di svendita da alcuni speculatori veneziani.

Anche in questo fatidico anno le disgrazie non vennero mai da sole e sulla città scese un freddo grandissimo con grave danno alle coltivazioni e, per finire in bellezza, non mancò un terremoto nell'Italia settentrionale che scosse anche Trieste.

Dal 1740 al 1742 a causa della Guerra di Successione austriaca la *Dieta di Francoforte* non elesse alcun Imperatore del Sacro Romano Impero. Il 12 febbraio **1742** -dopo circa due anni di riluttanza a causa della spada di Damocle ancora pendente sulla Prammatica Sanzione- la Dieta, non sapendo che pesci pigliare, nominò il Duca di Baviera, Carlo Alberto di Wittelsbach nuovo Imperatore del Sacro Romano Impero con il nome di Carlo VII di Baviera.

CARLO VII DI BAVIERA
Bruxelles, 6 agosto 1697
Monaco di Baviera, 20 gennaio 1745

Il nuovo imperatore del Sacro Romano Impero, nato a Bruxelles il 6 agosto 1697, era figlio di Massimiliano II Emanuele di Wittelsbach, al quale subentrò come Principe elettore e Duca di Baviera.

Un'elezione che costituì veramente un fatto eccezionale, perché accadeva per la prima volta dall'anno 1438, quando la corona del Sacro Romano Impero era passata de facto costantemente nelle mani della famiglia degli Asburgo, che si eleggesse un imperatore al di fuori dei Sovrani d'Austria. Ma questo fu reso plausibile in quanto, nel 1722 il bavarese Carlo aveva sposato Maria Amalia, figlia minore dell'imperatore Giuseppe I e quindi cugina di Maria Teresa, con rinuncia ai diritti successori. Nonostante fosse ben consapevole del contenuto della *Prammatica Sanzione* l'ambizioso Carlo si rifiutò di accettarla e, alla morte di Carlo VI, avanzò pretese sugli stati ereditari d'Austria. Conquistata con l'aiuto francese Praga, venne nominato re di Boemia e, il 12 febbraio 1742, incoronato Imperatore del Sacro Romano Impero con il nome di Carlo VII, dopo due anni di vacanza della carica, seguiti al decesso di Carlo VI. Subito dopo l'incoronazione, però, gli austriaci occuparono la Baviera ed egli dovette fuggire, ritrovandosi, a dispetto dei titoli, in condizioni tali da indurlo a paragonarsi al biblico Giobbe.

Morì a Monaco di Baviera il 20 gennaio 1745. Cosa possiamo dire ancora? Fece un po' di pasticci, ebbe un mucchio di amanti e ad ognuna di loro regalò un castello ma, per par condicio, uno anche alla moglie. E poi non era un Asburgo né tantomeno un Arciduca d'Austria e di Trieste non gli importava un fico secco, e men che meno ai triestini di lui.

Sebbene la perdita della corona imperiale da parte degli Asburgo era una eventualità largamente prevista e annunciata, questa elezione non era solo un'ulteriore sconfitta per Maria Teresa, ma anche una sostanziale perdita di potere della dinastia Asburgo all'interno degli Stati appartenenti all'area austro-germanica, soprattutto in virtù del fatto che il nuovo Imperatore era il più importante alleato della Francia in funzione anti-austriaca.

Per cercare di compensare tutte queste sconfitte, Maria Teresa strinse alleanza con il Re di Sardegna Carlo Emanuele III di Savoia, il quale, sulla scorta delle precedenti esperienze negative che lo avevano legato alla Francia e alla Spagna nel corso della guerra di successione polacca, s'impegnò a sostenere le posizioni austriache in cambio dell'acquisizione della Lombardia.

Nel frattempo in città i greci cominciarono a frequentare il porto di Trieste; cessarono le fiere e i privilegi del commercio d'Oriente, ma Trieste ottenne la libertà dei suoi traffici.

I mercanti costruirono in Fiume una galleotta da quaranta remi, montata da segnani, croati e triestini, che andò in corsa. Anche Trieste ne acquistò una pagandola duecento zecchini.

Ancora una nota che, se non cambiò il corso della storia, cambiò l'ubicazione dei bottari della città spostati dal Comune di Trieste nel *Borgo delle Saline*.

Nel **1743** in città si continuò a demolire le mura, a costruire case sempre più lussuose. Si demolirono le mura presso la chiesa di San Pietro e si iniziò la costruzione della Porta Nuova, che venne decorata e vi si pose una lapide commemorativa. Finalmente venne anche iniziata la costruzione del Molo San Carlo sopra la carcassa dell'omonima fregata rimasta incagliata davanti le rive nel 1738.

Per festeggiare degnamente la conquista di Praga da parte delle armi imperiali, il 20 gennaio venne organizzata una grande festa da ballo in casa del nobile signor Giuseppe Franco in via di Crosada

Il governo veneto tornò ad adottare la vendita delle cariche e l'Ufficio di Sanità in Graz ordinò a quello di Trieste di attenersi ai regolamenti veneti.

Nel **1744** la guerra di successione continuava fra alti e bassi, in verità più bassi che alti. In particolare nella tarda primavera i francesi attaccarono con grandi forze i Paesi Bassi austriaci, ma la manovra venne interrotta dall'esercito di Carlo di Lorena, consorte di Maria Teresa, penetrato in Alsazia. Costui, a sua volta, fu costretto tuttavia a una precipitosa ritirata verso gli Stati ereditari austriaci dopo l'improvvisa invasione della Boemia da parte di Federico II.

Due fregate inglesi vennero a Trieste per convogliare trasporti austriaci diretti alle foci del Po.

A Trieste fu istituito il *Capitanato del porto* e il relativo corpo di polizia; furono pure introdotte le misure austriache

Nel **1745** passò a miglior vita Carlo VII di Baviera, che nonostante la *Prammatica sanzione,* nel 1740 era stato nominato nuovo Imperatore del Sacro Romano Impero dalla Dieta dei principi tedeschi. Finalmente il trono imperiale potè ritornare nelle mani dell'Austria anche se -sempre per il solito motivo che Maria Teresa sotto la gonna aveva soltanto la crinolina- venne nominato Imperatore il marito che, a detta di molte voci di corridoio, sotto i pantaloni ne aveva ben di cose! E i furboni principi della Dieta, pensa e ripensa, dal pensar ricavarono di aver preso due piccioni con una fava: l'Arciduchessa d'Austria Maria Teresa quale consorte dell'Imperatore poteva avere il titolo di Imperatrice e il marito eletto Imperatore, come del resto quasi tutti i mariti del mondo, sarebbe stato il suo co-reggente, *pacta sunt servanda!*

Durante questo 1745 il *Borgo delle saline* si era maggiormente allargato e appariva già come una piccola città a parte che, dopo due anni -quando venne esteso il regime di porto franco- avrebbe fatto un'ulteriore passo avanti.

Anche nel Comune di Trieste le cose non andavano male se, durante quest'anno, riesce a prestare all'erario imperiale ben ventimila fiorini. Fra le piccole e medie spigolature la muraglia della batteria presso la porta dello squero venne demolita e vennero restaurati il molo fuori la batteria e il molo della bandiera. La sinagoga degli ebrei venne trasferita nella zona di Riborgo.

FRANCESCO I DI LORENA
Nancy, 8 dicembre 1708
Innsbruck, 18 agosto 1765

E, finalmente, il 15 settembre 1745 Francesco I di Lorena, consorte e co-reggente di Maria Teresa viene nominato Imperatore del Sacro Romano Impero. Figlio del duca Leopoldo di Lorena, fu, con il nome di Francesco Stefano, duca di Lorena (1729-35) e granduca di Toscana (1737-65). Sposata nel 1736 la futura imperatrice Maria Teresa, divenne il capostipite del ramo Asburgo-Lorena, che regnò sull'impero asburgico fino al 1918. In seguito alla guerra di Successione polacca (1733-38) cedette il ducato di Lorena in cambio del granducato di Toscana. Nominato coreggente quando Maria Teresa succedette a Carlo VI, fu eletto Imperatore alla morte di Carlo VII di Baviera, durante la guerra di Successione austriaca (1740-48). Non si può dire che fosse dotato di una spiccata personalità, né che fosse un abile condottiero in battaglia e lasciò ben volentieri alla consorte la conduzione dello stato. Fu tuttavia un capace amministratore, non solo delle sue tenute, dove razionalizzò l'agricoltura e avviò manifatture, ma anche delle finanze statali, che risanò nel 1763. Appoggiandosi a funzionari francesi, diede un notevole contributo allo sviluppo delle istituzioni scientifiche e culturali.

Francesco I fu un grande *tombeur de femme*, famoso per le *interviste* che dava alle attrici del teatro dell'opera dietro i tendaggi del palco imperiale, ma in definitiva divideva sempre il letto con la moglie, alla quale era legato da un profondo affetto, mentre lei lo amava appassionatamente.

Morì improvvisamente, stroncato da un colpo apoplettico, nella sua carrozza, mentre tornava, assieme al figlio Giuseppe, dal teatro dell'opera, a Innsbruck, la sera del 18 agosto 1765.

Nel **1746** da quel di Vienna, Maria Teresa deferì all'Intendenza la giudicatura in affari bancali camerali, per tutto il Litorale. La giudicatura era poggiata a commissione; l'appellazione andò a Graz e, come decine di altre cause, tutto si esaurì da solo.

La guerra continuava e l'indomita sovrana imbarcò truppe a Trieste per passare in Lombardia. Venezia protestò, ma inutilmente, e tutto finì lì.

Sempre attenta anche alla periferia dell'Impero e, in particolare, anche alle piccole cose di Trieste, l'Imperatrice tolse ai vescovi di Trieste la giudicatura reale del clero.

Dentro le mura cittadine la comunità ebraica presente in città contava più di cento membri e veniva definita, anche nei documenti ufficiali *Nazione ebrea di Trieste*.

Marco Soderini propose altre regole per la fraternita di san Nicolò, appartenente ai marinari di Trieste, confermate poi con rescritto sovrano del 1760.

Gli elementi della natura continuavano a non essere clementi con la città e anche quest'anno una marea straordinaria arrecò notevoli danni.

Nel **1747** Maria Teresa scosse le basi delle costituzioni degli Stati austriaci; il più degli affari passarono al governo imperiale, sotto nome di Deputazione, cui sottostavano i circoli. Agli Stati rimase pressoché nulla. Tale sistema, ovviamente, si applicò anche a Trieste.

Venne estesa la franchigia doganale, non ancora alla città vecchia, che rimase fuori dal porto franco, ma al *distretto camerale* - la zona sottratta alla giurisdizione del Comune e sottoposta a quella della Camera aulica - dove stavano i magazzini e sorgeva qualche casa.

Lentamente, d'anno in anno, si avvertiva un miglioramento nella mentalità dei triestini: gli stessi cittadini incominciavano ad essere attratti dagli affari. Già quest'anno a Trieste ognuno trovava il modo di vivere e di impiegare al meglio il proprio denaro.

Al posto dei due mori sulla torre del Mandracchio venne finalmente costruita una cella trifora con tre campane.

Il 18 ottobre **1748** la Guerra di Successione Austriaca si concluse con la sottoscrizione, da parte di tutte le grandi potenze d'Europa, di un trattato di pace che ebbe luogo nella città di Aquisgrana e che, in particolare per Maria Teresa, prevedeva che le venisse riconosciuta la Prammatica Sanzione, a conferma delle clausole della Pace di Dresda del 1745 e che venisse altresì riconosciuto il titolo imperiale a Francesco Stefano di Lorena, consorte di Maria Teresa.

In parole povere l'Austria e la Prussia avevano fatto pace, e il risultato di quegli otto anni di caos fu la solita nuova spartizione dei beni: i francesi restituirono all'Austria i Paesi Bassi, ma in cambio i Borboni di Spagna avevano agguantato Parma, Piacenza e Guastalla, i Savoia invece si erano pappati Voghera, Vigevano e l'Alto Novarese.

Prendi qua e molla là, sembrerebbe quasi che la partita fosse finita con un nulla di fatto ma invece, anche se con qualche malanno, Maria Teresa l'aveva spuntata e, da quella volta in poi, nessuno avrebbe potuto più mettere in dubbio che avesse tutto il diritto e anche la capacità di restare al suo posto di Imperatrice. Finalmente con un po' di pace, l'intrepida sovrana si mise subito a fare quello che fanno tutte le donne di casa dopo che i figli hanno fatto un festino con gli amici: risistemò tutto quanto e, tempo un anno, riorganizzò l'Impero con nuove leggi.

Però per trasformare un Impero incasinato in un vero Stato moderno non furono sufficienti leggi giuste ed uguali per tutti, ma anche una nuova categoria di funzionari abilissimi e soprattutto onesti, e così saltò fuori quell'amministrazione praticamente perfetta che tutti i paesi che erano sotto l'Austria hanno mantenuto sino all'ultimo. In pochi anni la nostra città si trasformò da così a così; non arrivavi neppure ad abituarti a una novità, che te ne trovavi subito un'altra fra capo e collo.

Tutto incominciò a camminare ancora più velocemente dopo la famosa *Hauptresolution* del 19 novembre **1749**, quella che l'imperatrice aveva inviato al suo Intendente barone de Wiesenhütten, con tutte le dettagliate istruzioni acciocché Trieste diventasse una grande città moderna, un emporio che potesse competere con i migliori del mondo.

In questa *Risoluzione sovrana* promulgata per tutti i suoi domini, Maria Teresa non si dimenticò dell'intenzione paterna di formare a Trieste un grande emporio e trasmise all'Intendenza commerciale del Litorale di Trieste, in un ampio decreto di riorganizzazione, le norme per le opere e le istituzioni ancora da farsi. Tra gli altri punti, conteneva disposizioni particolari per regolare e moderare i pedaggi verso Trieste ed il Litorale austriaco, per sviluppare il servizio postale nonché una fitta serie di regolamentazioni dei traffici e delle importazioni per regolare il commercio nel Litorale; nello specifico favorendo i legami con le città del Nord, i traffici con la Lombardia, con gli Stati pontifici e il Regno delle Due Sicilie ai quali si aggiunsero quelli con il Levante e il Mediterraneo occidentale.

Dal punto di vista economico il varo di questi decreti imperiali ebbe l'effetto immediato di incrementare la presenza nel tessuto urbano della comunità greca e dei mercanti originari dell'impero ottomano, il che convogliò verso Trieste molte nuove attività finanziarie ed imprenditoriali.

Maria Teresa ordinò, senza mezzi termini, l'abbattimento delle antiche mura medievali. Inoltre impostò lo scavo del Canal Grande e l'ampliamento del porto. Ma non si fermò qui. La figlia prediletta di Carlo VI diede la più ampia libertà ai commerci, estendendo la patente di porto franco a tutta la città.

Obbligò quindi i cittadini ad abbattere anche le mura tra il Borgo e la città vecchia e a unirsi alla città nuova che stava sorgendo nell'area delle vecchie saline. Il patriziato venne così a perdere molti dei propri

117

privilegi ma la popolazione ne restò certamente avvantaggiata.

Maria Teresa stabilì inoltre la sostituzione del *Capitano cesareo* della città -che dalla dedizione 1382 aveva rappresentato l'autorità arciducale austriaca davanti ai magistrati cittadini e che di fatto era diventato col tempo una mera autorità locale- con il *Capitano Intendente* a capo dell'*Intendenza Commerciale,* che avrebbe operato sia in campo pubblico che economico sotto la diretta dipendenza del *Supremo Direttorio del Commercio.* L'Intendenza era presieduta - e lo sarà a tutto il 1764 - dal *Capitano Intendente,* lo scozzese conte Nicolas Hamilton, che si avvalse di due consiglieri: il barone triestino Antonio de' Marenzi e il portoghese Antonio Lopez. Potevano chiamare a votare anche due negozianti.

A fronte della rinuncia al credito di ventimila fiorini prestati dal Comune all'Erario nel 1745, nonché verso la cessione del dazio del pesce, del nocchiero, dell'ancoraggio e del quarantesimo sull'olio (cinquemila fiorini di rendita annuale), Maria Teresa concesse al Comune di Trieste il cosiddetto *borgo delle saline*, per esercitarvi tutte le giurisdizioni civili, politiche e penali, però a condizione di non porvi tassazioni. Inoltre concesse al vescovo di Trieste, conte Petazzi, il rango di consigliere. La nuova città prese il nome di *Teresiana.* Tutta la città di Trieste, quindi anche la città vecchia, fu sottoposta al *Supremo direttorio* del commercio con a capo il conte Rodolfo de Cotteck e sede a Vienna.

Tutte queste nuove istituzioni annullarono ufficiosamente il potere del consiglio comunale, riducendolo al rango di rappresentanza formale e, per la prima volta, venne così intaccata l'antica condizione del libero governo municipale di Trieste. In parole povere

Trieste non era più una piccola città-stato, ma diventò a tutti gli effetti una città austriaca.

E non è finita, fu istituita anche la *direzione delle pubbliche costruzioni* in Trieste. Maria Teresa concesse che i fabbricati di Trieste godessero della nazionalità; che le merci estere invendute nell'interno uscissero immuni e accordò pure l'immunità di transito.

Per sopperire ai bisogni della città in crescita, nel novembre di quest'anno Maria Teresa emanò un decreto per la realizzazione, a spese del governo, di un nuovo acquedotto, l'Acquedotto teresiano.

I lavori iniziarono subito e l'opera fu portata a termine in soli due anni seguendo il progetto del generale Bohn. Per questo primo servizio pubblico l'acqua venne presa da una sorgente nel rione di San Giovanni e sgorgò da tre fontane: in Piazza Ponterosso, in Piazza della Borsa e in Piazza Grande.

Lapide commemorativa all'ingresso del capofonte dell'acquedotto teresiano

Il Comune di Trieste fu esentato dall'obbligo di corrispondere ogni anno cento orne di vino alla casa d'Austria -come stabilito nel Privilegio di Leopoldo del 1382- mediante capitale di affrancazione e iniziò gli abbattimenti delle mura medievali presso le Beccherie, dove oggi è situata la Questura di Trieste, atterrando anche una torre che era alla Portizza.

Venne redatto l'inventario delle armi civiche di Trieste: nove cannoni di bronzo, dieci di ferro, ventuno mortari e tremilaquattrocento palle.

Piazza Cavana con la Torre

Nel **1750** le scelte politiche ed economiche contenute nella Risoluzione di Maria Teresa favorirono la generale rinascita economica, che si verificò in tutti i territori degli Asburgo: gli anni che seguirono videro il primo sviluppo considerevole nel porto triestino. Qui opere importanti -come l'acquedotto, il molo Santa Teresa, il molo San Carlo, i lazzaretti, il canal grande, la nuova dogana, la costruzione di case sui fondi delle saline ed altre- prepararono lo sviluppo dei commerci: nacque così il Borgo teresiano. Ma affinché Trieste diventasse una città come la voleva Maria Teresa, prima di tutto bisognava risolvere le beghe fra i triestini *patochi* che vivevano nella città vecchia incrostata da San Giusto a Cavana e a Rena Vecia, e quelli appena arrivati che si erano installati nella parte nuova sul terreno pianeggiante, dove che prima c'erano le saline. Per un motivo o per l'altro ognuna delle due categorie era convinta di essere meglio di quell'altra e le mura della città vecchia, che li separavano, non facevano altro che aumentare questo distacco. Sbrigativa come lo era, l'Imperatrice semplicemente ordinò tassativamente di abbatterle.

L'abbattimento delle mura - che avvenne in fasi diverse a partire dal Barbacan al mare - fu indispensabile per far sì che la città vecchia solidarizzasse con quella dei nuovi arrivati e si unificasse col Distretto Camerale, facendole ricorrere sotto la stessa amministrazione civica, anche se i patrizi, che temevano tale mescolanza, cercavano in ogni modo di non obbedire. Si aprì così un periodo di notevole crescita per la piccola città di Trieste che, fino a quel momento si era appoggiata prevalentemente sulle antiche saline situate tra le mura e il canale, e sulla produzione del vino nel circondario. Solo in questo modo fu possibile la trasformazione della città da chiuso comune oligarchico ad aperto emporio cosmopolita.

Maria Teresa dispose in SS. Martiri la formazione di nuova borgata per mercanti, dipendente però dal Comune di Trieste, così che il fondo delle saline e quello dei SS. Martiri formarono i due borghi di Trieste. I negozianti però sarebbero stati, nelle cose civili, sottoposti in prima istanza al tribunale mercantile e, in seconda, all'Intendenza.

Fra le novità spicciole dell'anno: il governatore conte Nicolas Hamilton introdusse l'impiego delle carroz-

Imprese e fabbriche della Città Nuova

ze e una carrozza postale incominciò settimanalmen-
te un servizio fra Trieste e Lubiana con un viaggio che
durava circa due giorni; iniziarono l'uso di inalberare
la bandiera imperiale sui navigli triestini e quello di
rispondere dal castello di Trieste con un colpo di cannone al saluto dei bastimenti.

Uno dei pionieri del commercio triestino, Wolfgang
Friedrich Renner, bavarese di confessione augustana,
incominciò a lavorare sulla piazza triestina, in società
con il cugino Giovanni Enrico Dumreicher, console di
Danimarca e, in seguito, diventato ben presto miliona-
rio fu nobilitato, ottenendo di aggiungere al proprio
cognome il predicato von Österreicher.

Nel **1751** una nuova patente generale venne emessa
contro l'usura per gli stati austriaci seguita da un'altra,
che esentava le merci in transito da ogni tassa sovrana
o signorile, eccetto il pedaggio regolare. Venne costitu-
ita la *Provincia mercantile del Litorale,* comprendente
Trieste, Aquileia, Fiume, Buccari e Portorè.

A Trieste, intanto, continuavano le novità:

Maria Teresa permise ai greci di Trieste di costituir-

Colpo di cannone dal castello

si in corpo religioso, concesse libertà di culto e permise i matrimoni misti, con la clausola che tutti i figli venissero educati nella religione cattolica e, tramite un *editto di tolleranza,* diede il permesso ai luterani e agli elvetici di formarsi in consorzio per il culto privato e che avessero un proprio cimitero.

Nel frattempo il veneziano Matteo Pirona presiedeva lo scavo del *Canal Grande* che, completata l'opera, avrebbe potuto ospitare fino a trenta vascelli e un tale Maurizio Urbani venne nominato ispettore delle fabbriche pubbliche in Trieste.

Ma le opere portuali triestine erano ancora modeste. Nel frattempo il naviglio minore poteva sbarcare le merci nel Mandracchio, chiamato anche *Porto Piccolo;* mentre tutta la rada, compresa la stazione marittima e la Sacchetta, era formata dal *Porto Maggiore* e dal *Porto delle Navi.* Questa rada era stata parzialmente sbarrata da un interramento che finiva contro un isolotto, in passato un molo romano - le cui rovine erano visibili in tempi di bassa marea - chiamato *Scoglio dello Zucco,* che fornì la base del nuovo molo chiamato *Molo della lanterna* o *Molo Maria Teresa.*

Qui stazionavano le navi di più grosso tonnellaggio, che dovevano mettersi all'ancora perché non c'erano banchine ma solo la riva, lungo la quale si trovavano dei vecchi squeri.

Successivamente, per favorire l'ormeggio delle navi, vennero costruite delle lanterne, formate da fasci di travi piantati sul fondo e legati insieme, sui quali era posta una luce che illuminava di notte l'ormeggio, com'era in uso nelle lagune venete. Le operazioni di carico e scarico delle navi, attraccate alle *lanterne,* avvenivano mediante barconi e zattere, che facevamo la spola tra la nave e la spiaggia. Era questo un sistema lento e anche antieconomico, che naturalmente incideva sui costi e, di conseguenza, sullo sviluppo del commercio marittimo.

Finalmente il Governo diede il via agli essenziali lavori del porto. S'era iniziato il *Molo dello Zucco* e il *Molo di San Carlo* era stato completato per una lunghezza di 95 metri. Si scavò anche il nuovo fondale del mandracchio con la macchina del veneziano Domenico Caparozzolo.

L'acquedotto Teresiano in Trieste, ordinato dall'Imperatrice venne completato a sue spese, mentre l'emissario nella Piazza Grande era invece a cura e spesa del Comune.

La fontana chiamata dei *Quattro Continenti,* tutt'ora nella stessa piazza, fu scolpita dal bergamasco Giovanni Mazzoleni, come del resto lo furono tutte e tre le fontane dei principali emissari. La fontana, di un barocco romantico, è formata da un bacino mistilineo entro il quale s'erge una piramide di rocce in cui sono inserite le figure allegoriche dei quattro continenti allora noti e dei loro animali caratteristici. Sovrasta il genio alato annunziante con la tromba la fama raggiunta da Trieste, che siede in vetta accanto al Commercio. Per le iscrizioni venne consultato il canonico Bertoli d'Aquileia, che le propose e si eseguirono.

Molo San Carlo

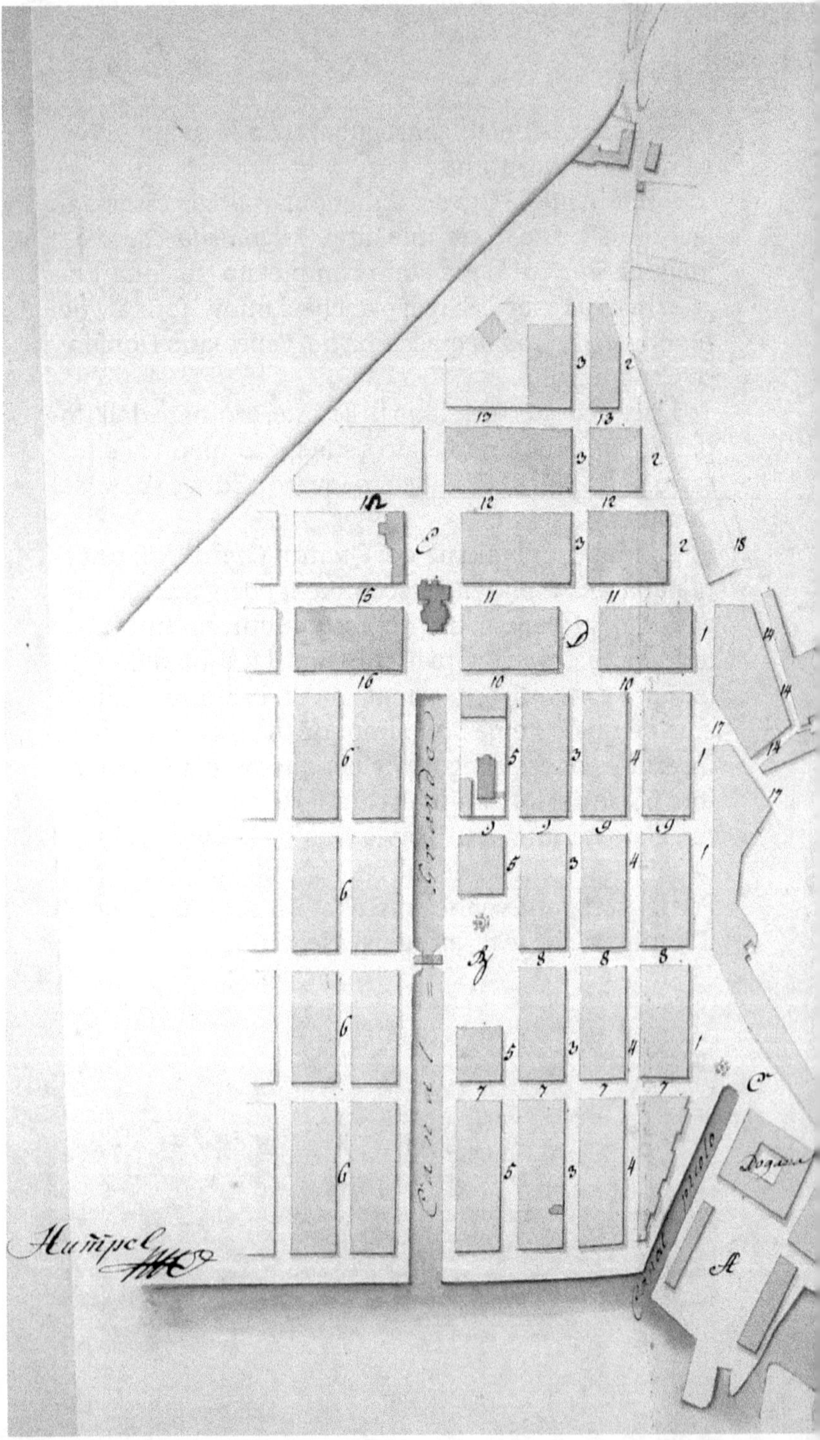

Proggetta Spiegazzione per le piazze, é contrade, della Nova Città Teresiana in Trieste.

Piazza
{
A, St: Teresia
B, St: Giuseppe
C, della Dogana
D, di St: Nicolò
E, dell'Acqvadoto
}

Contrada
{
1, di Wienna   { B. di vienna.
2, di St: Lazaro
3, Nova
4, de Bottari
5, della Posta
6, di Carintia
7, del Cannal picolo
8, del Ponte=rosso
9, di St: Spiridion
10, di St: Antonio
11, di St: Catterina
12, alta
13, di St: Gioanni
14, delli Artefici
15, della Fontana
16, de Forni
17, di St: Giacomo
18, dell'Ebrei
}

Comune e governo promossero la costruzione di nuove case nel borgo delle saline, che vennero riempite con la terra di sbancamento della collina fuori Riborgo.

Iniziarono gli abbattimenti delle mura medievali, già ordinato nel 1749, e gli scavi nelle vecchie saline gettando le basi della riva del Mandracchio e del Borgo teresiano.

Il primo vero teatro dotato di palcoscenico, platea e due ordini di palchi venne allestito nel corso dell'anno in un Palazzo esistente fin dal 1707 in Piazza Grande e collocato tra le carceri e la chiesa di San Pietro da cui prese il nome di Teatro San Pietro. Il teatro era illuminato in centro da un grande candelabro di cristallo e disponeva di una piccola orchestrina composta da violini e 3 ottoni che insieme accompagnavano le ariette e le melodie di famosi baritoni, avvenenti contralti nonché di "emasculati", per dirla con antica eleganza, i cui virtuosismi vocali mandavano in visibilio il pubblico.

Nel **1752** ormai arrivavano navi da tutta l'Europa e anche dalla Russia con *"un continuo accesso e discesso de Barcolami e bastimenti della Greca e Turca natione."*

Incominciò un complicato e minuzioso apparato legislativo per organizzare giuridicamente ed economicamente la vita del porto e venne pubblicato il primo regolamento dei sensali per la città di Trieste.

Si diede inizio all'archivio dell'intendenza politica in Trieste mentre il Comune installò la prima ghiacciaia su richiesta del Capitano Intendente Nicolas Hamilton.

Si abbatterono le mura fra la città vecchia e la nuova, nonostante il ricorso del municipio.

Nel **1753** dopo la *Risoluzione sovrana* del 1749, fece

seguito una seconda, con la quale vennero ulteriormente perfezionati il quadro istituzionale della città e del Litorale, e definiti meglio i poteri del Capitano Intendente della città.

Garantita la sicurezza dell'Impero con un'amministrazione corretta e un esercito potente, Maria Teresa d'Austria iniziò ad occuparsi dell'insegnamento scolastico ritenendo che *"Il popolo va tolto dall'ignoranza, ad esso va data istruzione al fine di poter migliorare la propria condizione, essere utile a se stesso, allo Stato, alla prosperità della collettività"*.

Per fornire la flotta di capitani competenti e addestrare al meglio i suoi marinai -riprendendo in considerazione l'idea del padre Carlo VI di creare nell'Adriatico una flotta Austriaca- con una Risoluzione sovrana alla Suprema Intendenza Commerciale l'Imperatrice ordinò la creazione di una *Scuola di matematica e di nautica* a Trieste, simile a quella già esistente ad Amburgo, a gestione statale e organizzazione gesuita.

Maria Teresa concesse per eccezione agli ebrei di Trieste di più distinta condizione di abitare fuori del ghetto e diede in prestito ai greci, che cominciano a prendere stanza fissa a Trieste, i dodicimila fiorini necessari per la costruzione della loro nuova chiesa.

La *Fontana del Giovannin*, nella piazza Ponte Rosso attigua al Canale, anche questa opera del Mazzoleni, terzo sbocco pubblico dell'acquedotto teresiano nella città nuova, incominciò a getter acqua. La Fontana, sovrastata dall'agile figura di un puttino in corsa detto *Giovannin del Ponterosso*, presenta tre teste di putti, che versano dalla bocca l'acqua in altrettante conchiglie dalle quali ricade nel bacino maggiore. Il puttino, in verità, è un completamento più tardo della fontana, aggiunto nell'anno 1761 e il nome datogli lo legava alla località di San Giovanni da dove arrivava l'acqua.

Il 13 maggio del **1754**, il compito di impostare e reggere la Scuola di Nautica a Trieste venne affidato all'insegnante di matematica, padre gesuita Francesco Saverio Orlando (1713-1781), presso il Convento dei Gesuiti. La scuola, inaugurata in giugno, iniziò nel novembre di quest'anno con i corsi di nautica e matematica e venti iscritti, tra i 25 e i 30 anni di età, appartenenti alla nobiltà triestina.

Fra le nuove iniziative dell'anno venne costruita una nuova dogana, in un palazzo dove oggi si trova il Tergesteo.

Si stabilì il primo regolamento contro gli incendi per la città di Trieste, che vietava le scale di legno, le abitazioni nelle soffitte e il cucinare per le strade, e si dispose che i colpi di cannone e la campana annunziassero le disgrazie.

Vennero abolite le misure triestine.

Un certo Trattner di Vienna aprì una stamperia a Trieste, dove esisteva già un libraio di nome Pietro Poletti, mentre l'archivio segreto di Trieste venne riordinato da Andrea de Bonomo e Aldrago de Piccardi.

La crescita della popolazione e l'abbattimento delle mura impose di trasferire la macellazione degli animali dalla zona di Piazza Grande nel rione di Mercato in via delle Beccherie.

Il Comune autorizzò il capitano dei granatieri Giuseppe Conti a vendere ai protestanti di Trieste il terreno per il loro cimitero, in seguito venne nominato direttore delle fabbriche di Trieste; tornò poi all'armata e nel 1757 fu promosso a tenente colonnello.

Iniziarono i lavori di allargamento, scavo e muratura del Canal grande di Trieste e il materiale venne usato per interrare rapidamente le saline circostanti su cui sorse la Piazza Ponterosso, che prese il nome

dal colore del ponte levatoio in legno, che i costruttori
Matteo Pirona e l'architetto Deretti gettarono per con-
giungere le due rive del canale.

A Trieste si attendeva l'arrivo di Maria Teresa, pertanto il Comune si affrettò di far sistemare in modo
adeguato la statua di Carlo VI, in legno dorato, posta
per urgenza sulla colonna nel 1727.

Dopo aver scartato la possibilità di farla fondere in
bronzo, come quella del nonno di Maria Teresa Leopoldo I, il comune di Trieste decise di farla scolpire
in pietra. Su progetto dell'udinese Giovanni Fusconi,
venne dato l'incarico allo scultore veneziano Lorenzo
Fanoli al costo di fiorini mille e duecento.

Per la felice occasione pensavano anche di costruire un bucintoro in mare e in terra un teatro sotto il
castello, che si sarebbe convertito in sala da ballo dopo
la recita. Gli attori sarebbero stati pagati dai mercanti; l'illuminazione l'avrebbero pagata i greci; i rinfreschi sarebbero stati offerti dagli spedizionieri, gli osti
avrebbero pagato gli orchestarli, ecc.

Tutti questi generosi e ingegnosi propositi furono
vani: l'Imperatrice rimase a Vienna e non venne mai
a Trieste.

Nel **1755** a Trieste vennero aperti e fissate le tariffe
per i consolati austriaci dal Levante e Ponente. Venne
anche istituita, all'interno del Palazzo municipale, la
Borsa Mercantile quale agenzia di autogoverno degli
interessi commerciali e ne venne stabilito il primo
regolamento. La *Deputazione di Borsa* doveva essere
consultata in ogni questione d'importanza e diventò
ben presto un fortissimo centro di potere in città.

Venne aperto l'*Ufficio di Sanità* e pubblicato il relativo regolamento per Trieste, nonché istituito il *visita-
tore dei morti*.

Un certo Luzzatto aprì la prima conceria di pellami nella città nuova presso la *Piazza delle Legne,* oggi *Piazza Goldoni.*

In Piazza della Borsa venne eretta una nuova opera del Mazzoleni, la Fontana del Nettuno, formata da una consueta vasca poligonale dove la statua del dio stava, come tutt'ora, in piedi su una conchiglia trainata da animali marini che si ergevano da rocce pittoresche.

Nel corso dell'anno vennero costruite in città dieci case nuove a nome del Comune; tre a nome della Sovrana e trentotto per iniziativa privata. Agli edifici che si andavano costruendo in questa zona, denominata Borgo Teresiano in onore dell'imperatrice Maria Teresa, si volle dare uno stampo prettamente commerciale con un tracciato stradale a scacchiera; la maggior parte degli edifici furono costruiti con una chiara funzione commerciale: ampi magazzini al piano terra, abitazioni al piano nobile, piani superiori dedicati agli uffici e sottotetti adibiti ad abitazioni per persone di condizioni più modeste.

Alla fine dell'anno iniziò la *Guerra dei Sette anni* (1756-1763) e con la guerra arrivò un nuovo tracollo per Trieste: tutti i traffici delle regioni danubiane e dell'Adriatico rimasero paralizzati e iniziò la fuga generale di mercanti, speculatori e cittadini.

Nel **1756** il nuovo disastro economico raffreddò subito l'entusiasmo dei triestini per l'Imperatrice. Alla sua richiesta di uomini da mandare alla guerra, il Comune le offrì 500 soldati: lanciato l'appello ai cittadini, se ne presentarono solo sette, gli altri adducendo *scuse frivole* se n'erano rimasti a fumare il *calumet della pace,* ovviamente con una volgare pipa, a casa.

Il movimento nella popolazione mostrò l'arresto dello sviluppo. Un terzo delle case di Trieste era vuo-

Trieste nel 1756

to. Nei successivi sette anni la popolazione non ebbe più quasi alcun aumento: era stata di 6.424 anime nel 1758 ed era di 6.518 nel 1756.

Il vescovo armeno Martino Garabed, già perseguitato per la fede cattolica e vissuto ignoto in città, venne a morire proprio a Trieste. Il clero e il popolo gli fecero splendidi funerali e gli diedero tomba onorata nel duomo.

Maria Teresa donò tredicimila fiorini all'ospitale civico delle donne ubicato in via dell'Ospitale.

Venne ultimata la costruzione del *canal grande* e, di conseguenza, costruito a metà canale il primo ponte della città, chiamato Ponte Rosso.

Nel 1756 venne finalmente stabilito un regolamento *«circa la vendita del pane delle Breschizze»* nel quale era stabilito che: le pancogole potevano comprare solamente due *polonichi* (misura di peso) di frumento oltre la farina del fontico pubblico; potevano vendere

Ponte Rosso

il pane in piazza ai privati, ma non ai bottegai, se non dopo le undici del mattino. Se arrivate in piazza dopo le undici, dovevano aspettare almeno un'ora prima di venderlo ai bottegai.

Finalmente, a partire da quest'anno, Carlo VI ritorna, nella sua versione definitiva in marmo bianco, sulla colonna in Piazza Grande.

Nel **1757** Maria Teresa, grazie alla sua diplomazia, attaccò la Prussia, dopo aver completato i suoi armamenti. L'Austria mise in campo un esercito di ben 200.000 soldati.

Trieste venne raggiunta da una nuova emanazione della patente del porto franco da parte di Maria Teresa, che richiamava le autorità governative a non interpretare il porto franco come ricetto di persone oziose, vagabonde e prive di servizio ma a limitare questa immunità ai soli negozianti esteri.

A Trieste venne istituita l'Impresa del pane, una cooperativa di panettieri che si profilavano così come i diretti concorrenti delle pancogole. L'impresa ne abusò subito, truffando nella qualità e nella quantità. Le stesse autorità cittadine constatarono che il pane servolano era decisamente migliore di quello dell'impresa ma, nonostante tutto, la cooperativa continuò a tenere il monopolio della vendita del pane sino all'anno 1767.

Giacomo Balletti armò una *barca corriera* con privilegio per sette anni fra Trieste e Ferrara, per il commercio di Lombardia e Toscana.

Nel **1758** venne promulgata la prima legge austriaca per la marina mercatile, improntata su quelle di Francia e di Ragusa e l'istruzione officiosa venne consegnata al capitano del porto di Trieste.

Venne regolato il tribunale mercantile di Trieste e la relativa legge di giurisdizione e di procedura; emesso anche il regolamento detto del *commercio e dei falliti* per Trieste.

Nel frattempo veniva applicato un nuovo regolamento del dazio del pesce ceduto dal comune all'erario nel 1749 in parziale compenso delle giurisdizioni sul borgo delle saline e l'Imperatrice, intendendo propagare la produzione della seta, promuoveva la coltivazione dei gelsi in Trieste.

Nel **1759** i greci di Trieste ottennero di avere un proprio cimitero e di essere sepolti pubblicamente. Venivano in precedenza sepolti nel recinto esterno della chiesa.

La comunità ebraica prese misure contro l'eccedente lusso dei propri membri.

Il tenente Giorgio Renner rilevò in pianta il territorio di Trieste.

La prima fabbrica di carte da gioco venne aperta da Angelo Valle in Trieste.

Durante l'anno **1760** un grande numero di ebrei arrivò a Trieste dall'estero, tanto che quelli già residenti si preoccuparono e tentarono di frenare questa invasione, da loro stessi vista con apprensione. Al momento le famiglie Cusin, Levi, Luzzatto, Morpurgo, Parente, Porto e Stella erano quelle che rappresentavano la comunità ebraica e avevano voce attiva sostenendo la tassazione delle spese. Nel frattempo, gli ebrei di Trieste venivano sollevati dall'obbligo di ammobiliare le abitazioni del vicario e del giudice dei malefizi.

Purtroppo la scuola di nautica di Trieste iniziò a decadere, molti ne proposero la chiusura ma l'imperatrice si battè affinché questo non avvenisse poiché credeva fermamente che la scuola poteva essere un grosso aiuto per la Marina mercantile. In seguito, l'intendente sostenne che, prima di esser chiusa la scuola, questa doveva essere semplicemente revisionata e propose di aspettare la fine della guerra prima di decidere sul futuro dei corsi.

Nel **1761** le cronache riportarono un movimento portuale di oltre 27 milioni di libbre, pari ad oltre 135.000 quintali di merci varie.

I padri del nuovo istituto di Gesù Nazareno chiesero di aprire un convento a Trieste, ma il Consiglio rifiutò di accettarli.

Nel **1762** il governo austriaco vietò l'esportazione delle querce, volendo promuovere la costruzione navale e, per di più, concesse che entrassero a Trieste senza pagare il dazio.

A Trieste, a causa dell'aumentato numero di cani randagi, venne introdotto il servizio di *accoppa-cani*.

Il governo aprì una casa per le fanciulle povere, affinché venissero ammaestrate nell'incannare la seta.

Maria Teresa vietò di consegnare i delinquenti alle galere venete, chiese al Comune come si potessero occupare a Trieste.

La barriera in Trieste venne dislocata dalla porta Riborgo alla via santa Caterina.

Gli israeliti di Trieste riscrissero i loro statuti: nominarono i capi e formarono due consulte, l'una di nove, l'altra di tutti i contribuenti.

Il 15 febbraio **1763**, con il trattato di Hubertusburg terminò la guerra nell'Europa centrale, che proseguì nei territori coloniali, ai quali il governo austriaco non era interessato.

Conclusa la guerra dei sette anni -a causa della conseguente recessione economica- a Trieste scoppiarono tumulti tra il Supremo Direttorio e il Consiglio Comunale. Grazie alla sua grande abilità amministrativa l'anno seguente Maria Teresa appianò i conflitti con la promessa della fondazione della Borsa Commerciale e nel 1767 dell'estensione dei privilegi del porto franco, non solo a tutta la città, ma anche al territorio compreso fra Santa Croce e Zaule con il controllo di un "Capitano" e dopo il 1776 di un Governatore con pieno potere economico.

Nel frattempo in città la vita continuava con piccole, anche se sostanziose, novità: Maria Teresa fece piantare gelsi sul Monte Bello e sulle rive del canale a Trieste; Servola venne eretta in *curazia* staccandola dal duomo di Trieste, diventando la prima parrocchia esistente a quel tempo; un certo Nicolò Sinibaldi aprì la prima corderia di Trieste. Si istituì e rimodernò il casino, ovvero una casa da gioco, dei nobili in Trieste.

L'intendenza di Trieste, per frenare la grande attribuzione dei titoli di nobiltà, chiese a tutti i titolati della città la loro convalida, entro tre mesi.

Si propose di aprire a Trieste una Banca mercantile, da dotarsi con i beni delle chiese e delle fraternite.

Un inverno polare arrecò una nuova grande moria di ulivi.

Nel **1764** a Trieste iniziò la costruzione del palazzo di governo, nel sito dove prima erano ubicati gli uffici dell'arsenale imperiale e, più addietro, osterie e magazzini.

Come pattuito da Maria Teresa l'anno passato, venne istituita la Borsa Commerciale di Trieste.

Il nobile Antonio Papa di Gianina fu il primo ad essere nominato console russo.

Nel **1765** rese l'anima al Signore Francesco I di Lorena, Imperatore del Sacro Romano impero e consorte co-reggente al trono di Maria Teresa.

Quando Maria Teresa rimase vedova, di certo non le si chiusero i vasi sanguigni perché aveva tanto di quel carattere da comprendere, addirittura, che l'amante fissa di quel sciupafemmine di suo marito era così affranta, poverina, che la prese sottobraccio e piangendo le disse: *"Signora mia, guarda là cosa abbiamo perso!"*. Dopo di che si tagliò i capelli, regalò ai poveri tutte le catenine, le spille e gli anelli che possedeva, si vestì tutta di nero, e così trascorse il resto della sua vita, vestita da vedova in gramaglie e senza neppure un gioiellino adosso.

Il posto di Francesco I lo prese il figlio primogenito Giuseppe, Duca di Milano, che venne assunto al trono del Sacro Romano Impero con il nome di *Giuseppe II d'Asburgo-Lorena,* diventando pure lui un collaboratore coordinato e continuativo della madre imperatrice Maria Teresa, assumendo la stessa coreggenza di suo padre. Anche volendo, l'arciduchessa d'Austria

1765. Da sinistra la torre del porto, Teatro S. Pietro, Chiesa San Pietro e palazzo comunale.

Maria Teresa non poteva essere chiamata *Imperatrice d'Austria,* per il semplice fatto che il titolo non esisteva, ma chi se ne impipava, in ogni caso si guadagnava il suo bravo titolo di "Imperatrice" in quanto imperatrice consorte prima e imperatrice madre poi. Come già detto in precedenza, solo i portatori di brache potevano essere nominati imperatori del Sacro Romano Impero, il cervello non era incluso nel pacchetto.

Se al povero defunto Francesco era stato più congeniale il borghese piacere che il cesareo potere, con il presuntuoso Giuseppe invece le cose cambiarono in quanto, al buon figliolo, il governo piaceva, e come! Quindi da questo momento in poi l'Austria

Maria Teresa in lutto

139

la governarono veramente in due, ma andava bene lo stesso, perché al popolo minuto, che li comandasse l'uno o l'altro o tutti e due insieme, era proprio indifferente: bastava avere abbondanza di *panem et circenses* e...viva l'A e po bon!

GIUSEPPE II D'ASBURGO-LORENA
Vienna, 13 marzo 1741
Vienna, 20 febbraio 1790

Giuseppe alla morte del padre Francesco I fu eletto Sacro Romano Imperatore e Re d'Ungheria ereditando pure il titolo di coreggente della madre, alla quale il gaudente Francesco era stato da quindici anni bene o male associato alla guida dello Stato.

Chiamato negli ambienti conservatori viennesi il sognatore liberale, Giuseppe amava ripetere, negli anni in cui visse all'ombra della madre, che il suo compito era quello di essere la quinta ruota della carrozza.

Pare che i due non andassero molto d'accordo; tanto che per non accavallare i rispettivi compiti, ovvero per non darsi sui piedi in continuazione, i due probabilmente giunsero ad un modus vivendi: Maria Teresa rimanendo stanziale a Vienna a comandare a bacchetta i suoi zelanti superfunzionari e a fare da chioccia alla sua numerosa nidiata; Giuseppe girando in lungo e in largo il vasto Impero per rendersi conto del tenore di vita dei sudditi e dell'andamento degli affari anche nella periferia austriaca.

Dalla morte di Maria Teresa, libero dalle pastoie della potente madre, introdusse più di seimila editti e undicimila nuove leggi disegnate appositamente per regolare e riorganizzare ogni aspetto dell'impero. Nella politica interna, il suo spirito (definito giuseppinismo) si mostrava benevole e paterno, con l'unico intento di rendere felice il suo popolo, ma ovviamente coi criteri che meglio si accordavano al suo pensiero. Ciò non toglie che dal 1780 al 1790 le sue riforme, in aggiunta a quelle fatte da Maria Teresa, diedero un contributo efficace a quella pubblica felicità che tanto seguivano gli illuministi dell'epoca. Alla fine i due condivisero anche la medesima gratitudine dei triestini: alla madre fu intitolato il Borgo Teresiano e al figlio il Borgo Giuseppino.

Giuseppe II, gravemente ammalato sin dal novembre 1788, morì il 20 febbraio 1790 a causa del "romantico" mal sottile. In mancanza di eredi, gli successe come era facile prevedere il fratello minore Leopoldo, Granduca di Toscana.

Egli stesso dettò il suo epitaffio: *"Qui giace Giuseppe II, colui che fallì qualsiasi cosa che intraprese"*.

Per quanto ne sappiamo, Maria Teresa considerava questo suo figlio un ragazzo irrequieto e anche un poco strambo e -apprensiva per i figli com'era- per prima cosa lo avrà riempito di raccomandazioni.

"Guarda che adesso sei una persona importante, lo sai?", deve avergli detto, *"Devi comportarti bene, non puoi più fare lo sciocco come prima"*.

"Sì mamma", annuì Giuseppe pensando a tutt'altro.

"E stai attento a non metterti le dita nel naso quando sei in mezzo alla gente".

"Sì, mamma", scattò Beppe cavando fuori le dita dal naso.

"E stai attento, Beppino mio", continuò lei imperterrita, *"Ricordati che vale più una pace imbastita alla buona di una qualsiasi guerra"*.

"Va bene, mamma", rispose il ragazzo, che di là a un po' di tempo rischierà di tirarsi di nuovo addosso la Prussia.

"Ricordati anche" insistè l'imperatrice madre, *"che è molto meglio governare un popolo istruito che non un popolo di ignoranti"*, e qua Beppe era per davvero d'accordo con quella tarma di sua madre. Solo che Maria Teresa non aveva calcolato che suo figlio era molto più progressista di lei. Se ne accorgerà bene dopo.

A Trieste, nel frattempo, in questo 1765 veniva pubblicata la seconda legge di cambio traendola da quella del 1763 delle province tedesche.

Veniva anche aperta la stamperia governiale di F. M. Winkowitz. Le cronache riportarono, per l'anno in corso, un movimento portuale di ben 153.000 quintali di merci varie.

Inoltre durante quest'anno fu redatto il Rollo delle Bettole sia della città vecchia che della nuova, importantissimo documento per chi non voleva perdersi neppure una delle soste durante il giro delle bevute Triestine dato che, per i triestini ben si sa, *era meio un bicer de Dalmato che l'amor miooo!*

Rollo delle Bettole nella Città Vecchia.

Prima . Maria Giusti .
2 . Agnese de Nicolò
3 . Maria Plascha
4 . Antonio Cante
5 . Orsola Rosman di Martino
6 . Orsola Ved.ª Baldas..
7 . Elena Bonifaccio .

Rollo delle Bettole nella Città Nuova .

Primo . Antonio Bachereich
2 . Maria Sostercich detta mora .
3 . Jacob Karis .
4 . Biaggio Sherlanez .
5 . Gioanni Marcut .
6 . Pietro Crastnich Oste à Santa Cattarina .
7 . Joseff Rosman Oste all'Arbore Verde .
8 . Francesco Fiorentino detto Petech .
9 . Andrea Bradicich .
10 . Nicoletto Gabiotti .
11 . Gennaro Fecondo .

Rollo delle Bettole a Trieste nel 1765

143

Nel **1766** venne istituita la provincia dell'*Imperial Regio Litorale austriaco,* della quale faceva parte Trieste, governata da un'Intendenza commerciale.

Vennero istituite a Trieste le tre confraternite della dottrina cristiana: l'italiana ai Gesuiti di Santa Maria Maggiore; la tedesca nella chiesa di san Pietro in Piazza Grande; la slovena alla chiesa del Rosario, e quattro scuole: due italiane, una delle quali con insegnamento del latino, per i fanciulli, una per fanciulle, una tedesca per fanciulli e fanciulle. Inoltre il governo austriaco accordò stipendi per chi intendeva studiare nautica.

Venne fondata la *Compagnia di Assicurazioni di Trieste;* vi aderirono commercianti, avventurieri e uomini di grandi vedute. Sembrava un inizio incerto ma la Compagnia ebbe un tale sviluppo che, in un paio di anni, raddoppiò il capitale. In questo stesso anno si aprì una nuova compagnia chiamata *Camera Mercantile dell'Assicurazione Marittima,* la quale adottò la polizza veneziana che era detta *mare-fuoco-corsari,* poiché assicurava merci e navi da tali calamità.

Una patente imperiale di Maria Teresa proclamò una legge generale dello stato che confermò l'estensione delle franchigie del porto franco a tutta la città e a tutto il territorio, da Santa Croce a Zaule. Questa nuova apertura doganale richiamò in breve tempo molti nuovi imprenditori attirati dalle nuove opportunità offerte dal territorio tergestino.

Da quando l'imperatrice Maria Teresa aveva decretato la costruzione della Città Nuova, l'aumento vertiginoso del numero delle navi che sostavano nel porto rese evidente che il lazzaretto di San Carlo era troppo vicino al porto e alla città. Venne perciò deciso di costruire un nuovo lazzaretto per la quarantena delle navi situato in periferia, in quel di Roiano.

Per dare un'idea del benessere cittadino nel **1767** basta il fatto che, quando da una persona esterna al Comune di Trieste venne offerto un prestito di duecentomila fiorini al quattro per cento, la città rifiutò non sapendo cosa farne.

Maria Teresa riformò nuovamente lo statuto cittadino e conferì il *supremo governo politico ed economico della città* al *capitano,* soggetto all'Intendenza Commerciale.

Si iniziò la costruzione di una chiesa nella Città Teresiana, in fondo al canal grande, a liberalità di privati, che fu chiamata di Sant'Antonio, e in seguito dal popolo San Antonio Nuovo.

Venne armata un nuova barca corriera fra Trieste e Aquileia.

A Trieste venne istituito il *Giudizio civico* e pubblicato il regolamento giudiziario e si abolì il sindacato.

Venne stillato il nuovo regolamento dei bombar-

S. Antonio Nuovo

dieri di Trieste: il numero fu ridotto a cinquanta con Adamo Burlo quale capitano.

In città le ore si calcolavano ancora all'italiana, però si diffuse l'uso di calcolarle, come si dice, *alla tedesca*.

Finalmente le pancogole furono riammesse a esercitare legalmente la panificazione in casa, con grande gioia della popolazione cittadina, da sempre nota estimatrice del pane servolano.

Nel **1768** la città di Trieste contava settemila abitanti, dieci caffetterie, quattro spezierie, oltre quaranta case di commercio all'ingrosso, principale casa di spedizionieri Rossetti e Bellusco. Vantava inoltre settanta fabbriche dove si lavoravano i prodotti più vari: dalla cera al rosolio, dal sapone alla concia delle pelli. Fra le altre si annoveravano le seguenti fabbriche e industrie:

fabbrica di Veluti ad uso di Genova col fondo di 50.000 fiorini diretta da Giorgio Fedriani;

fabbrica di Terzanelle e Camelotti di Seta dei fratelli Marpurghi Ebrei col fondo di 20.000 fiorini;

fabbrica di Ceraria di Agostino Nicolantini, col fondo di 40.000 fiorini; altra Ceraria introdotta quest'anno di ragione dei due Compagni Tribuzzi e Strolendorf col fondo di 15.000 fiorini; due fabbriche di Rosoli dei Negozianti Belletti e Rossetti; altre due fabbriche di Rosoli dei Negozianti Grassi e Compagni; fabbrica Cremor di Tartaro di ragione del Negoziante Giacomo Belletti diretta dal veneto Nicolò Piazza. Due Cordarie: una dell'indicato Belletti e l'altra dei fratelli nominati Bussini da Sanremo; li oltradetti Bussini avevano anche la fabbrica di quattro Tellari di Tela Lunetta; tre fabbriche di sapone di Giacomo Belletti, Giuseppe Maurizio e Sebastiano Asmihr;

una Scorzeria (conceria) in proprietà degli Ebrei

Fratelli Luzzati con un fondo di 40.000 fiorini.

Il primo giugno di questo stesso anno arrivò in carrozza, da Gorizia, il celebre archeologo Giovanni Winckelmann, diretto da Vienna a Roma. Di là a sette giorni venne ucciso nella Locanda Grande con cinque pugnalate dal pistoiese Francesco Arcangeli.

Winckelmann

"(...) Francesco Arcangeli, pistoiese di professione cuoco, con precedenti penali a suo carico, fece la conoscenza a Trieste di Johann Joachim Winckelmann, a cui intendeva rubare le medaglie da questi ricevute in regalo dall'imperatrice Maria Teresa mentre si trovava alla corte imperiale. (...) L'8 giugno 1768 Arcangeli uccise Winckelmann in una camera della Locanda Grande di Trieste (...)".

Quarantadue giorni dopo, l'Arcangeli salì sul palco della morte, nello stesso giorno di mercoledì, fra le 9 e le 10, intervallo di tempo in cui era avvenuto il delitto e proprio davanti alla stessa Locanda Grande.

Lo legarono ad una grande ruota e lo fecero girare da su in giù: i denti di ferro squartarono il suo corpo, che venne esposto alla Fornace, nel campo dei giustiziati. Il cadavere venne lasciato esposto sino a decomposizione.

In questo **1769** il diritto asburgico produsse il primo codice civile/penale a cura dell'Imperatrice Maria Teresa d'Austria che emanò la famosa *Constitutio Criminalis Theresiana*, pubblicata a Vienna nello stesso anno, ancora imperniata su basi medievali risalenti al regolamento criminale di guerra dell'anno 1499.

Nella Constitutio Criminalis, emanata come mezzo di accertamento della verità, l'Imperatrice autorizzava tutti i tribunali della corona a sottoporre a tortura non solo gli accusati del crimine ma anche gli eventuali testimoni reticenti o di dubbia affidabilità.

Nel testo della Constitutio, non solo venivano descritte e illustrate con "precisione teutonica" i metodi di tortura considerati "legali" da applicare ai prigionieri durante gli interrogatori, ma anche la tecnica di costruzione degli stessi strumenti di tortura.

Fra le varie torture si trova la "scala di stiramento" che portava alla lussazione delle spalle e che prevedeva inoltre la scottatura dei fianchi con candele. Se l'inquisito, ormai paralizzato, con le spalle frantumate e moribondo a causa dell'infezione che seguiva l'ustione, continuava nonostante tutto a resistere e a non confessare... il tribunale era obbligato a riconoscerne l'innocenza... tanto, ormai...

Maria Teresa fece pervenire al Magistrato di Trieste la patente dei libri fondiari della Stiria -tipo di ordinamento catastale, già all'epoca in uso nell'impero austro-ungarico-, affinché se ne facesse simile uso nel territorio di Trieste.

L'Imperatrice riconfermò i privilegi del porto franco di Trieste che portarono grandi benefici alla città, nel senso che diminuirono il costo della vita e facilitarono il commercio.

Trieste, con diploma del 27 aprile, venne dichiarata *libera città marittima* e la libertà doganale del porto franco venne estesa non solo a tutta la città, anche dentro le mura, ma anche a tutto il territorio, da Santa Croce a Zaule con il controllo di un *capitano*.

Il 31 luglio venne inaugurato il nuovo spettacolare *Lazzaretto di Santa Teresa,* uno dei più belli, dei più sicuri e dei più comodi che c'erano in Europa. Basta

La scala di stiramento

pensare che là le navi avevano a disposizione uno spazio quattro volte più grande del Mandracchio.

Lo stesso giorno venne abbandonato il *Lazzaretto di San Carlo* e, con l'entrata in funzione del nuovo *Lazzaretto di Santa Teresa,* situato nella zona di Roiano, così fuori mano che un tempo vi si facevano le esecuzioni capitali mediante impiccagione.

Per il nuovo lazzaretto vennero scavati due bacini, difesi da dighe, per l'ormeggio delle navi. Sul lato a terra un alto muro che formava un recinto rettangolare. All'interno vennero posizionati i magazzini e gli edifici destinati ai servizi, mentre su di un lato c'era una chiesetta in onore dell'imperatrice dedicata a Santa Teresa.

In occasione dell'apertura del nuovo grande *Lazzaretto di Santa Teresa,* vennero coniate delle medaglie in memoria. Per l'inaugurazione ci fu festa grande: giravano carrozze, compagnie di persone che rideva-

Il lazzaretto di S. Teresa

Le medaglie coniate in occasione dell'apertura del Lazzaretto

no e cantavano felici e contenti e, sicuramente, tutti erano abbastanza brilli, perché quel giorno la *Fontana dei Continenti* in Piazza San Pietro, da sempre popolarmente detta Piazza Grande, invece dell'acqua versò vino bianco e nero a scelta.

Chiuso il *Lazzaretto San Carlo* finalmente si pensò alla sistemazione portuale vera e propria. Nel tratto compreso tra Cavana e riva Ottaviano Augusto si iniziò l'interramento della spiaggia e del mare antistante, con un lavoro che durò fino al 1824. A ridosso della collina, lungo le parallele via Diaz e via Cadorna, vennero costruiti gli edifici del *Borgo Giuseppino,* mentre sul lato del mare vennero costruite le banchine, dove le navi poterono finalmente attraccare direttamente per le operazioni di carico-scarico. Da notare che, all'epoca, le banchine erano una ventina di metri più arretrate di quelle odierne, che furono allargate sul mare verso la fine dell'Ottocento.

In città vengono promulgate nuove leggi sanitarie, redatte dal consigliere Guadagnini.

Maria Teresa fondò il Conservatorio dei poveri in Trieste per ammalati, puerpere, derelitti e *spossenti* (ovvero diversamente abili) e lo dotò del dazio sul vino detto dei poveri.

Venne aperto il cancello dei doganieri alla porta del porto: il porto franco ormai è esteso a tutta la città, rimasero ancora le quattro porte: san Pietro, Cavana, Porto e Riborgo.

Maria Teresa accordò che i fabbricanti di Trieste potessero estrarre dalle province di Gorizia e della Carniola i generi primi a dazi ribassati.

La commissione di polizia introdusse l'illuminazione delle vie della città Teresiana con lampade a olio combustibile e spesa a carico dei proprietari delle case. L'intendenza incitò la città vecchia a imitarla e questa lo fa, dapprima con i lampioni accesi soltanto nelle notti di *"scuro de luna"*, poi ogni sera con il costo a carico del Comune.

Altre notizie spicciole: il monte di pietà di Trieste, rovinato dagli amministratori, cessò del tutto; inoltre l'architetto Fusconi ristrutturò la Locanda Grande e venne varata una nuova legge sulla caccia per Trieste.

Nel **1770** le opere portuali non erano ancora concluse quando, per quest'anno, le cronache riportarono l'arrivo di ben 10.000 vascelli e un movimento mercantile superiore ai 213.000 quintali di merci varie.

I greci orientali di Trieste accordarono agli illirici di tenere nella chiesa di san Spiridione un cappellano di lingua serba.

Chiesa greco orientale e Piazza dei Negozianti davanti la Borsa

Venne promosso il commercio di Trieste con la Lombardia.

Ancora nel **1771** rimaneva da risolvere la questione delle religioni, che possono dividere le persone anche più dei muri.

Maria Teresa era fortemente devota, però non era fanatica e in più ragionava alla grande. Infatti aveva capito benissimo che un essere umano non poteva mica avere colpa di essere cattolico o protestante o ebreo o maomettano, perché tutto dipendeva da dove era nato.

Vista in questo modo, la questione delle religioni è così chiara e semplice che c'è veramente da meravigliarsi come mai non sia compresa da tutti e che si continui a massacrarsi nel nome di uno o di un altro Dio che, qualunque sia, dovrebbe fulminare all'istante tutti gli esaltati invece di segnarseli semplicemente sul libro nero. Maria Teresa, insomma, permise per quello che riguardava Dio che ognuno si arrangiasse come gli sembrava meglio, anche se la religione ufficiale, nei suoi Stati, restava sempre quella cattolica.

Maria Teresa emise due Patenti sovrane in favore degli ebrei di Trieste, che prevedevano, tra l'altro, l'esenzione dall'obbligo di indossare il segno giallo distintivo e l'abolizione della tassa speciale sulla persona, che doveva essere pagata da ogni ebreo per entrare in un'altra città. In tal modo allargò le loro condizioni sia per la vita interna della comunità che per i loro rapporti con l'esterno, riconoscendo la loro attività indispensabile allo sviluppo del commercio ma, non solo, passò anche a promuovere l'immigrazione di nuovi ebrei al fine di incrementare le attività commerciali, tanto che gli ebrei di Trieste ebbero un nuovo statuto.

Il figlio di Maria Teresa, Giuseppe II, restrinse il soverchio numero delle feste in città e pubblicò la legge detta *della mano morta*. La manomorta era un istituto giuridico che determinava un possesso non trasmissibile ad altri di una massa di beni solitamente fondiari. Tra i Longobardi, l'istituto prevedeva il divieto per vassalli e servi della gleba presenti all'interno del feudo di disporre liberamente dei propri beni a mezzo di testamento, da tale divieto si poteva essere esentati dietro pagamento di una tassa proporzionale al valore dei beni interessati da parte di chi si trovasse nel possesso dei beni stessi e fosse intenzionato ad alienarli a terzi; la tassa doveva essere pagata al dominus da cui il vassallo o contadino dipendeva.

Nell'ambito della manomorta erano comunque previste vaste sacche di esenzione per masse fondiarie non assoggettate alle tasse di successione. Si ricomprendevano nell'intrasmissibilità a terzi anche i servi della gleba, i quali erano considerati oggetto di un vero e proprio diritto dominicale di proprietà da parte del feudatario.

Il 26 ottobre **1772**, con patente sovrana di Maria Teresa, venne istituito per Trieste un Ufficio Tavolare affidato all'Intendenza Commerciale, un fatto che anticipò tutte le altre nazioni di qualcosa come due secoli e permise, cinque anni dopo, il primo esatto censimento della popolazione.

L'Ufficio Tavolare entrò in funzione nel 1774, e nel 1776 venne subordinato all'Autorità Giudiziaria. A Trieste a causa di questo nuovo ufficio, nella città vecchia, finirono a gambe all'aria un sacco di affaristi, perché era lo Stato adesso che regolava la compravendita dei terreni e delle case fra privati, e poiché per tutte le proprietà esisteva un unico libro che il governo teneva ben sottochiave, e che sopra quel registro era segnato tutto al millimetro, gli "urbari" municipali non valevano più alcunché. Vita dura per gli imbroglioni, perché da quella volta in poi non hanno potuto più fargliela a nessuno, e neppure pretendere quello che non era di loro proprietà.

L'Austria fissò l'età per l'ammissione agli ordini religiosi e adottò provvedimenti restrittivi per il clero regolare. Rinnovò il divieto di acquisti; interdisse la questua a parecchi ordini; decretò che i conventi privi di rendita venissero soppressi e interdì la vestizione a chi non contava vent'un anni, la professione a chi non ne contava venticinque.

Durante quest'anno i patrizi ottennero il ripristino di quasi tutti i privilegi municipali; contemporaneamente Trieste ingranditasi con immigrazioni continue di manodopera slava, incominciò a difendere il suo carattere etnico e culturale.

Si introdusse a Trieste il sistema ipotecario mediante le così dette tavole provinciali, sotto giurisdizione politica dell'Intendente commerciale.

Il 19 aprile Maria Teresa, dopo aver fatto in modo di attirare, tutelandole e incentivandole, popolazioni abili nei commerci come i greci e i turchi, aprì le porte della città nuova anche agli israeliti.

Vennero emessi statuti per la comunità serba di Trieste e un nuovo regolamento dei sensali di Trieste.

A causa di una burrasca di mare, a Trieste, affondarono tredici bastimenti.

Venne iniziata la costruzione del Conservatorio di Trieste che, in seguito, verrà trasformato nel primo nucleo di quella che sarà la Caserma Grande di via del Torrente, odierna via Carducci.

L'Intendenza del Litorale vietò in tutto il territorio l'uso di tabarri o cappotti fatti da corteccia di rovere, per impedire di depauperare i boschi di quercia.

Giacomo Casanova arrivò a Trieste il 14 novembre e prese alloggio alla Locanda Grande; si affrettò a prendere contatto, nel Casino Nobile al primo piano della Locanda, con i cicisbei e le dame incipriate del bel mondo triestino. Rimase in questa città fino al 1774.

Il 2 luglio del **1773**, il papa Clemente XIV cancellò l'ordine dei Gesuiti, e l'inchiosto della firma del decreto non si era neppure ben asciugato che Giuseppe II iniziò a confiscare tutte le proprietà che appartenevano a quell'Ordine. Qui da noi un mucchio di terreni: a Scorcola, a Cattinara, a Mulingrande e Mulinpiccolo, in Gretta, a Grignano e in un mucchio di altri posti ancora.

Venne dato il colpo di grazia anche alla Confraternita delle Tredici Casade. Cadeva così l'ultimo "mattone" del duecentesco libero comune di Trieste che diventava così, a tutti gli effetti, una città austriaca.

Al Monastero di Clausura di San Cipriano le suore Benedettine aprirono una scuola normale.

Il barone Ricci vendette agli Armeni il convento dei santi Martiri in Trieste.

Maria Teresa decise di trasformare la scuola Nautica in scuola filosofico-matematica, mentre Padre Orlando volle che per editto si pubblicasse lo studio matematico-filosofico-mercantile-nautico e si formassero tre classi distinte: quella per mercanti, per ingegneri e per piloti. Dopo una crisi tutte le cattedre ginnasio, liceo e scuola nautica vennero trasferite a Fiume, Trieste però rivendicò la proprietà di tutti i libri e gli strumenti, con la speranza che potesse rinascere la scuola.

Nel **1774** il Governo emanò un'ordinanza per l'istituzione di scuole pubbliche primarie e secondarie in tutte le province austriache stabilendo, altresì, la frequenza obbligatoria di quelle primarie per bambini e bambine.

A Trieste venne pubblicato l'editto politico di navigazione per il litorale austriaco.

Cessò l'obbligo di cura delle anime nel capitolo di Trieste, s'istituirono due parrocchie per la città: una in Sant'Antonio per la città Teresiana e l'altra in santa Maria Maggiore per la città antica.

Maria Teresa istituì per il Litorale una commissione sopra le pie fondazioni per sorvegliare l'amministrazione delle chiese.

Venne aperto un nuovo cimitero per gli ebrei di Trieste, su fondo venduto dall'erario.

Venne aperto il Conservatorio di Trieste.

Il pozzo di San Lazzaro di Trieste venne modificato in fontanone.

La città continuava la sua marcia verso un boom economico tanto che anche la politica austriaca diede una bella spinta alla crescita commerciale del porto, obbligando i commercianti tedeschi allo scalo a Trieste.

Per timore che tutta questa invasione di mercanti stranieri di tante nazionalità e di varie religioni -con usanze e costumi diversissimi come i tedeschi, gli olandesi, i greci, gli armeni, i turchi, ecc.- non imbastardisse la coscienza nazionale, il Consiglio comunale avanzò a Vienna la richiesta di poter fondare un'università di lingua italiana a Trieste.

Ma c'era ancora molto da migliorare in questa città tutta tesa ai nuovi commerci. L'ingegnere Vidali, in questo stesso anno, incaricato di studiare l'industria navale, certificò che lo squero di San Nicolò non aveva strumenti e che i calafati e i *maestri d'ascia* erano operai di terzo grado, mentre mancava del tutto la mano d'opera specializzata.

La presenza inglese a Trieste - composta non solo di commercianti e armatori, ma anche di tanti marinai, che si sarebbero in seguito arruolati nell'Imperial

Regia Marina - richiese l'apertura di un Consolato, il quarto in Europa.

A Trieste si formò la prima loggia massonica regolare ma, in breve tempo, altre clandestine andarono ad aprirsi. La presenza massonica ormai consolidata e la presenza delle diverse comunità etniche e religiose preoccupò grandemente sia i cattolici sia i gesuiti.

In autunno Giacomo Casanova lasciò Trieste.

Così fu che, durante l'anno **1775** *"Alle ore due e tre quarti dopo il mezzogiorno del 15 maggio giunse in questa città da Vienna in forma privata tra le acclamazioni universali del popolo l'imperatore Giuseppe nell'età di anni 34".*

Giuseppe II, grande riformatore, non ebbe alcun speciale interesse per il porto di Trieste ma, sempre intento alle riforme ecclesiastiche dell'Impero, mise il naso in Castello e, in particolare, nella Cattedrale di San Giusto e nella chiesa di S. Maria Maggiore, già dell'ordine dei Gesuiti soppresso nel 1773.

"E nel breve tempo che trattennesi a Trieste visitò l'Ospedale, li due Lazzaretti e le Saline ed altri luoghi più distinti. Lasciati finalmente segni di sovrana clemenza e generosità tra le infinite grida di Viva il nostro Imperatore partì lo stesso giorno verso Venezia."

Giuseppe, dopo la sua visita, mandò a Vienna un rapporto alquanto pessimista:

"Con grandissime spese s'è ottenuto a Trieste questo: mentre non ha ancora un porto veramente sicuro, ostenta alcuni edifici specialmente nella città nuova; non si trova un commerciante onesto che accetti cambiali; non vi è che un miserabile movimento di scambi. Molte navi di bandiera imperiale, costruite quando l'entusiasmo

era di dovere, marciscono nel porto, dove la bora finisce l'opera di distruzione..."

Maria Teresa concesse il privilegio per la formazione di una *Compagnia delle Indie* e, per di più, che il commercio mediante la compagnia delle Indie passasse per Trieste. Anversa vi si associò. Dal nostro porto partirono alcuni vascelli che fondarono delle colonie austriache nella regione di Goa. Maria Teresa concesse privilegio per venticinque anni alla nuova compagnia degli zuccheri.

La suprema intendenza del Litorale, per ordine imperiale, concesse l'affrancazione degli affitti livelli, pensioni, annualità dovute alla cassa civica.

Allo sviluppo della città seguì una crescente domanda d'istruzione, alla quale il Governo sopperì istituendo, al posto della secolare scuola del Comune in lingua latina, la prima scuola elementare e un ginnasio, ambedue in lingua tedesca.

Giovanni Andrulachi giunse dall'isola di Candia e, ben fornito di capitali, impiantò una fabbrica di saponi oltre il Ponterosso, sulle saline.

Due padri Armeni Mechitaristi allontanati da Venezia ripararono a Trieste e vi formarono una congregazione. Venne loro assegnata la chiesa dei santi Martiri e il convento attiguo, che già era dei benedettini di San Giorgio Maggiore di Venezia.

Gli Armeni formarono la propria parrocchia retta dai Mechitaristi, però soggetta al vescovo cattolico; ottennero di costituirsi in corporazione, alla quale vennero aggregati i Maroniti ed i Greci cattolici e aprirono una stamperia a Trieste anche per le lingue orientali.

La chiesa di Santa Caterina in Trieste venne soppressa.

Summario.

Della Quantità, Religioni, arti, e mestieri delle Persone trovate
{esie}poche della General Coscrizione fatta l'anno 1775. in Trieste. | Somma

Uomini - ,	36
Donne - ,	35
Maschi dall'1. sin'à '7. anni - - - - - - - - - - - - - - - ,	9
femine dall'1 sin'à '7. anni - - - - - - - - - - - - - - ,	8
Maschi da '7. sin'à '15. anni - - - - - - - - - - - - - ,	5
femine da '7. sin'à '15. anni - - - - - - - - - - - - - ,	53
Maschi da 15. anni in su - - - - - - - - - - - - - - - ,	2
femine da 15. anni in su - - - - - - - - - - - - - - - ,	3
Maschi non atti agl'Impieghi - - - - - - - - - - - ,	
femine non atte agl'Impieghi - - - - - - - - - - - ,	6
Somma totale	**106**

Distinzione della Religione di detti Abitanti:

Cattolici - ,	97
Armeni - ,	
Greci - ,	3
Luterani - ,	
Calvinisti - ,	
Ebrei - ,	4
Somma	**106**

Arti, e Mestieri di publico Servizio.

Bottegari - ,	1
Muratori - ,	1
Sarti - ,	17
	46

Latus	464.
Fabri	86.
Caltolari	195.
Orefici	18.
Ligatori d' libri	7.
Sellari	7.
Macellari	40.
Fab.r di candelle d'Lego	9.
Pittori	18.
Scultori	46.
Cistori	44.
Marangoni	124.
Perucchieri	53.
Barbieri	23.
Spazzacamini	4.
Fornitori	5.
Ottonari	8.
Bilanzieri	6.
Stampatori	2.
Pellizieri	19.
Caffettieri	53.
Orologiari	6.
Speziali	15.
Gua Coltelli, e forbici	5.
Indoratori	1.
Schioppateri	7.
Passamaneri	2.
Cappellani	6.
Peltrari	3.
Bottonieri	11.
Somma	1284

Censimento Tognana del 1775 con l'indicazione della popolazione acattolica della città

Vennero scritte nuove regole per la borsa mercantile di Trieste.

Demetrio Carciotti, modesto commerciante, giunse a Trieste dalla Morea, per sottrarsi alle persecuzioni dei Turchi e intraprese un traffico con il Levante. Dapprima, pensando che ai capitani greci fosse comodo di ricevere i viveri a bordo e trovare un interprete negli affari, aprì un modestissimo ufficio occupandosi della fornitura di viveri alle navi e, in seguito, al commercio di panni dalla Boemia. Su interessamento di Giacomo Casanova, venne infatti avviato un lucroso commercio con i paesi del Levante e il barone Pier Antonio Pittoni raccomandò proprio Demetrio Carciotti. I grandi guadagni permisero al Carciotti di acquistare cinque casette sul Canale, demolirle e costruire il famoso palazzo opera dell'architetto Matteo Pertsch iniziata nel 1799, che gli costò mezzo milione di talleri.

Il tallero di Maria Teresa

Durante l'anno **1776** Giuseppe II emise l'editto di tolleranza religiosa e l'abolizione della tortura e della pena di morte, istituite da Maria Teresa nell'anno 1769 con la famosa *Constitutio Criminalis Theresiana*.

Cessata l'intendenza commerciale di Trieste, subentrò il Governo: primo governatore fu nominato il conte Carlo de Zinzendorf (Dresda 1739-Vienna 1813),

fu uomo colto e di ampie vedute,
fautore di una politica di grandi
riforme ispirate al liberalismo
e al progetto giuseppino di una
Trieste porto austriaco nell'A-
driatico. Rimase in carica per sei
anni, un periodo che rappresen-
tò per Trieste una fase di intenso sviluppo, economico, civile e
culturale. Tra le opere di grande
rilievo decise sotto la reggenza

Karl von Zinzendorf

del Zinzendorf basterà ricordare la villa Necker e la
ristrutturazione di tutta la zona delle saline attorno
al canale fino all'attuale via Ghega, recuperata all'e-
dificazione. Viene inoltre potenziata notevolmente la
viabilità, con la messa in opera della strada di Zaule e
della strada di Scorcola che, attraverso Opicina e Lubiana, portava a Vienna.

"Con Risoluzione sovrana del 13 aprile 1776 l'imperatrice Maria Teresa comunicava al Presidente e ai
Consiglieri dell'Intendenza Commerciale di Trieste la
decisione presa di abolire questo Ufficio (l'Intendenza),
la cui giurisdizione era stata ristretta con precedente
Risoluzione alla città e territorio di Trieste e al distretto di Aquileia, e di trasferirne tutta l'attività ad un Governatore, nella persona del conte Carlo de Zinzendorf.
Stabiliva inoltre le future destinazioni dell'Intendente
e dei Consiglieri intendenziali indicando, in quattro
tabelle allegate al Rescritto, il personale assegnato al
Governatore o ad altri Uffici (Tribunale mercantile di
prima istanza, Magistrato civico, Magistrato di Sanità)
e quello posto in quiescenza. Precisava infine che l'attività dell'Intendenza avrebbe dovuto cessare alla fine di
aprile e, qualora in quella data non fosse ancora giunto
a Trieste il Governatore, che la direzione dell'Ufficio sa-

rebbe stata assunta dal Consigliere aggiunto Pasquale de Ricci".

Trieste venne eretta al rango di stato provinciale, scorporata formalmente dal Litorale, ma ormai dipendente nella sua interezza dall'autorità imperiale che impose di aprire le porte del Consiglio maggiore (detto anche "dei patrizi") ai residenti del *borgo*, cioè agli immigrati e ai residenti fuori delle mura. Fra i primi consiglieri sono Praun, Bellusco, Rossetti e Maffei.

Il borgo si allargò rapidamente e diventò la *Città Teresiana*. Rimasero in disparte ancora i più dei vecchi patrizi, i *Nobili dele tredici casade,* chiusi nella venerazione delle patrie leggi e della loro nobiltà e che rifuggivano dal commercio come da una plebea volgarità.

Gli Armeni di Trieste comprarono i beni dei gesuiti al Coroneo dall'erario e dal conte Battyani un terreno in santi Martiri.

Grassin Vita Levi - titolare di una solida impresa commerciale triestina - fondò la *Compagnia di Assicurazioni,* prima società di assicurazioni a Trieste.

Maria Teresa fece dono di cento zecchini al maggiore Struppi, per la carta da lui fatta del territorio. Un esemplare doveva tenersi appeso nella sala del consiglio municipale.

Sotto la potestà del conte Carlo de Zinzerdorf iniziò il commercio con l'Estremo Oriente, ma la nuova compagnia Orientale Asiatica per il rilancio di Trieste ebbe vita breve per la progressiva industrializzazione dell'Europa e per la frattura dei rapporti con le Indie Orientali e la Cina.

Nel corso dell'anno Vienna decise che tutti gli oggetti della Scuola di nautica di Trieste, trasferiti a Fiume nel 1773, dovevano ritornare a Trieste.

La nave *Giuseppe e Teresa,* con centocinquanta uomini di equipaggio, partì per le Indie Orientali: ritornò dopo quattro anni, sette mesi e dieci giorni di assenza.

Nel **1777** la popolazione salì a 20.000 abitanti e il porto lavorava alla grande tanto che, durante quest'anno, approdarono a Trieste più di cinquemiladuecento navi. E va bene, ben tremilacinquecentosessanta erano veneziane, ma ce n'erano moltissime olandesi, inglesi e francesi. Quasi tutte arrivavano dal Mediterraneo orientale, in particolare da Smirne e Salonicco ma anche da Durazzo, dall'Italia, in particolare da Ferrara, Ravenna e Rimini.

Le barche più piccole però arrivavano da Venezia o dall'Istria trasportando qui vino, olio, aceto, grappa, biada per gli animali e grano per i cristiani, e poi agnelli vivi, castratina, carne di maiale, formaggio, riso, farina, pesce fresco e sotto sale, frutta di tutti i tipi e insomma tutto quello che occorreva a una città come Trieste, dove oramai la gente lavorava nelle fabbriche o nel porto e di tempo per sgobbare nelle campagne ne restava molto poco, tanto che venne istituito un settore di polizia per la campagna di Trieste mentre, invece, cessava il calmiere per pane e carne esercitato fino allora dalla Direzione di polizia.

Inoltre, venne abolito il dazio sul pesce e revocato il divieto della pesca a cocchia.

A cura del governatore Zinzendorf il ginnasio viene trasferito da Fiume a Trieste, rimarrà per quattro anni nel Seminario.

Venne nominato il magistrato imperiale regio di Trieste, con rango provinciale e istituita la Direzione di polizia.

La giurisdizione tavolare passò al magistrato di Trieste. Il Comune riprese l'antica posizione e attività amministrativa, risorse il consiglio patriziale, aspirando addirittura alla provincialità. Rimase operativo, fra il comune ed il governo, l'ufficio circolare.

L'imperatrice Maria Teresa concesse all'armeno triestino Gregorio Hermet l'apertura di un bagno di acqua dolce per vent'anni che si aggiunse a quello già esistente nel ghetto ebraico.

Un altro sintomo della trasformazione di Trieste si ebbe nel **1778**, quando venne smantellata la Porta Cavana perché Giuseppe II aveva intenzione di allargare la città anche da quella parte. Insieme alla Porta Cavana sparirono anche altri pezzi delle mura medievali, con un effetto non solo pratico ma anche psicologico: da quella volta in poi, infatti, come aveva previsto anche la madre imperatrice incominciarono a scomparire anche certe mentalità provinciali: prima la città era una specie di roccaforte dove tutto quello che si trovava fuori dalle mura era considerato come foresto e pericoloso; senza quelle mura, invece, anche i triestini avevamo incominciato ad aprirsi pian pianino, e a guardare oltre quell'orizzonte che, per tanti secoli, era stato non solo un limite, ma una linea minacciosa da dove, da un momento all'altro, potevano arrivare le navi veneziane

Gli Armeni di Trieste comprarono da Giacomo Balletti i terreni loro prossimi di San Giacomo o Belpoggio.

I canonici di Trieste portavano il distintivo di croce civile al petto con nastro; da un lato della croce era rappresentata l'immagine del protettore San Giusto, dall'altro le cifre degli Augusti Maria Teresa e Giuseppe II.

Si installa la prima raffineria di zuccheri in Trieste, diretta dall'imprenditore francese Sauvaigne.

Il *molo San Carlo* di Trieste viene prolungato per dieci "tese viennesi", ovvero di 19 metri. Tra il 1780 e il 1832 il molo fu allungato di ulteriori 132 metri, raggiungendo quindi complessivamente gli attuali 246 metri.

Venne costruito l'ufficio alla barriera sotto Opchina e del Casino di Sanità.

La spedizione marittima con le navi *Giuseppe* e *Teresa* fonda una colonia nelle isole Nicobar di Nankaveri, Surri, Trikute e Katechiout, popolate di alcune migliaia di abitanti.

Maria Teresa, con sovrana Risoluzione del 2 ottobre **1779**, ora conservata presso l'Archivio di Stato, stabilì che nobile doveva considerarsi l'intero Magistrato come rappresentanza collegiale ma di dovere escludere la nobiltà personale ed ereditaria dei singoli membri del Consiglio e del Patriziato triestino.Tant'è che l'assenza di un riconosciuto ordine nobiliare triestino indusse la stessa Maria Teresa a non visitare mai la nostra città perché il rango non le consentiva di soggiornare in un albergo e non c'era dimora privata che potesse ospitarla in quanto proprietà di una casata riconosciuta con titolo nobiliare.

Il governatore Carlo de Zinzendorf diede il via ai lavori della *strada per Vienna*. Una via di comunicazione che univa finalmente in modo agevole l'altipiano con la città, sostituendo la tortuosa e rapida via di Romagna. I lavori vennero ultimati l'anno seguente.

Il governatore Zinzendorf proclamò cessato ogni privilegio della pesca nelle acque di Trieste.

Incominciarono a Trieste le regolari rilevazioni termometriche, barometriche e metereologiche.

Bollendo guerra per la successione bavara, a Trieste si formarono compagnie civiche di volontari in uniforme: una dei servolani, altra di artigiani, la terza di botteghieri, la quarta di scrivani, la quinta dei consiglieri per la protezione della città, praticamente fu l'origine della Milizia civica.

La barriera di Trieste, detta la vecchia, venne traslocata all'estremità della Piazza delle Legne, ora piazza Goldoni.

Una nuova compagnia di assicurazione, con un milione di capitale, venne istituita a Trieste.

Odorico Panfili costruisce presso la piazza dei Carradori un nuovo grande cantiere per la costruzione di grosse navi.

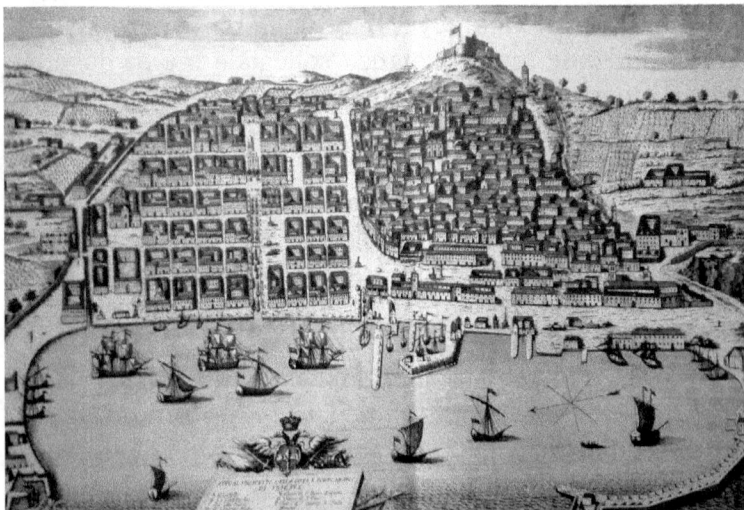

Prospetto della città nel 1780

La sera del 29 novembre **1780** all'età di 63 anni, a Vienna, con la benedizione di tutto la chiesa austriaca, ancora sotto shock per i vari stravolgimenti apportati al clero, Maria Teresa corse a raggiungere l'adorato consorte lasciando da solo il figlio Peppino che, con il nome di Giuseppe II d'Asburgo-Lorena restò ben volentieri a governarsi l'Austria e l'Impero.

Il figlio era molto più progressista della madre, tanto che avevano spesso discusso fra di loro, dato che la mamma, a parere di Peppino, era un po' troppo bacchettona per i suoi gusti. In ogni modo madre e figlio si volevano un mondo di bene lo stesso e, quando la mamma stava male, Pepi era sempre là, vicino a lei, a curarla e coccolarla. L'ultima bronchite, però, le era stata fatale perché l'Imperatrice, lasciatasi andare durante la vedovanza fino ad ingrassare a dismisura, era costretta a curarsi restando in piedi, poiché a letto non riusciva a respirare bene, e così, dopo, dovette per forza distendersi, ma era troppo tardi.

Da quel momento in poi Peppino diventò davvero Giuseppe II, iniziò a fare di testa sua e, per prima cosa, scelse dei nuovi collaboratori senza badare se erano di sangue blu o con le tasche piene di soldi, dato che quello che gli interessava era solamente che fossero svegli, attivi e capaci. Fra le sue prime operazioni di pulizia emise l'ordinanza per abolire la tortura e la pena di morte per i civili, che sarà pubblicata anni dopo. Tentò di abolire anche la servitù della gleba, che, nonostante tutto, era ancora in uso in tutto l'Impero. Tra le altre cose buone che fece fu quella di lasciare che le coppie in crisi - invece di pensare continuamente al veleno per topi nascosto nella credenza - fossero libere di divorziare. A questo punto anche il papa si spaventò, tanto più che Giuseppe aveva resa libera l'istruzione, affinché tutti potessero leggere anche i libri che la Chiesa aveva proibito. Anche se Pio VI viaggiò fino a Vienna per convincerlo a ritornare sui suoi passi con il vecchio sistema, lui rimase sulle sue.

Con Giuseppe II, a Trieste il tenore di vita continuò a crescere, il porto lavorava a tutta forza, e la nuova strada commerciale -quella che, appunto, ancora oggi si chiama Via Commerciale- era diventata come una vena dove scorreva l'oro zecchino.

Giuseppe II, poco incline ai monasteri che facevano vita contemplativa, propose al convento delle RR.MM.

Benedettine, l'alternativa: aprire una scuola pubblica
o chiudere il convento.

I greci illirici di Trieste pretesero la supremazia
del loro culto nella chiesa di san Spiridione; il governo intimò ai greci orientali di sottostare agli illirici e
aprirono una cappella privata per l'esercizio del culto
nella loro lingua. La chiesa illirica venne sottoposta al
vescovo di Karlstadt.

A Trieste venne abolito il dazio detto della pesa.

Venne aperta la nuova strada per *Opchina*, detta
Strada per Vienna, in sostituzione delle strade di Prosecco e di Basovizza. Il comune pose una lapide in
onore del governatore conte Zinzendorf, e intitolò la
strada *Zinzendorfia.*

A Opchina venne costruita una locanda, a spese
del Comune di Trieste, disegno dell'ingegnere cesareo
Francesco Humpl.

Il Comune costruì il primo grande macello pubblico nello spiazzo dove oggidì il Corso Cavour incontra
la Piazza Libertà. Le rivendite della carne continuaro-
no ad essere concentrate nella sola Via delle Beccherie,

Il nuovo macello

che già gestiva un vero e proprio monopolio con ben dodici diversi macelli.

Venne abbattuta la porta di san Pietro, che era situata nella zona dove oggi si trova il Capo di Piazza.

Si aprì un parco Wauxhall anche a Trieste ad imitazione del famoso parco dei divertimenti di Londra.

Si cambiò il collegio dei mercanti e nominati sei deputati che lo rappresentavano: ogni anno ne uscivano due, e si rimpiazzavano con elezioni del corpo stesso.

Venne liberato il commercio del sale, anche non prodotto localmente.

Il Consiglio continuava a mantenere la *Guardia Civica,* quasi una sorta di figura tangibile all'autonomia, a cui si aggiungevano alcune compagnie di territoriali. Portavano una divisa particolare, diversa quella per la guardia propriamente detta, da quella per i territoriali. I patrizi stessi portavano un costume uniforme, di colore scarlatto, a cui tenevano molto.

Il popolo minuto non aveva alcuna parte nella vita pubblica. Lavorava e taceva: dai suoi ranghi uscivano parecchi, i quali, capaci nella speculazione o nel risparmio, passavano ad allargare la classe borghese dei commercianti, dei professionisti o dei burocrati. Una memoria conservata dallo Zinzendorf e proveniente dal suo tempo, insistendo ad affermare la necessità di dare scuole ai bambini, di cui non potevano curarsi i famigliari, raccoglie in un quadro sintetico le condizioni del proletariato tra il 1770-1780: *"Il commercio impiega uomini e donne a lavori non eseguibili nelle proprie case: li facchini, li marinari, li calafati, li cordaroli, fabbricatori di rosoglio e sappone, li muratori, li manuali, li agricoltori o salinari non possono guadagnarsi il pane sotto il proprio tetto. E le rispettive mogli di simile gente vengono impiegate a portare sacchi e merci (carricando e scarricando le navi), incassare e tagliare i limoni, curare marasche ed altri frutti, netare le droghe, e nelli magazeni delli mercanti".*

E così siamo arrivati al **1781**, il primo anno orfani della nostra Imperatrice. Ma non si può dire che la costante attenzione di Maria Teresa abbia dato solo buoni frutti, se si considerano gli anni immediatamente seguenti alla scomparsa della sovrana. Infatti l'immagine dei risultati, raggiunti con gli esborsi imperiali, è catastrofica, secondo quanto annotò l'economista de Giuliani in una supplica diretta al nuovo Imperatore. Anche Giuseppe II si rese conto del fallimento dei sogni della madre e quindi appare logico che si astenesse dal continuare a coltivare l'ambizione di vedere l'Austria diventare una potenza marittima, come aveva già avuto modo di constatare nella sua prima visita nel 1775.

La volontà di garantire nuovi spazi alla tolleranza religiosa si accompagnò, nei piani di Giuseppe, ad una maggior severità nei confronti del potere assunto dalla chiesa cattolica e dai gesuiti in particolare: con fermezza decise di sopprimere numerose istituzioni religiose, tra le quali la Compagnia di Gesù, che aveva esercitato in città grande influenza soprattutto nel campo dell'istruzione. Pertanto promulgò un primo Editto di Tolleranza, che concedeva libertà di culto solo alle comunità religiose degli immigrati professanti confessioni cristiane non cattoliche viventi nei territori asburgici: luterani, calvinisti e ortodossi. Le comunità religiose più consistenti erano quella greco-orientale e quella serbo-ortodossa, che formavano un'unica entità. Inoltre, i conventi austriaci vennero interdetti di corrispondere con i generali di Roma e sottoposti alla giurisdizione dei vescovi mentre gli israeliti vennero abilitati a coprire la carica di deputati alla borsa in Trieste e l'edificio del collegio gesuitico di Trieste fu convertito in caserma militare.

La patente così detta di sudditela venne pubblicata ed attivata anche a Trieste.

Christian Hieronymus Moll, autore drammatico, ex proprietario di un teatro a Presburgo, incominciò a pubblicare a Trieste un giornale, il *Triester Weltkorrespondent* con periodicità bisettimanale e istituì presso la redazione un circolo di lettura.

Le pancogole ottennero un posto al coperto dove, in caso di maltempo, poter vendere il loro prodotto al riparo.

Tariffe della farina

Venne fondata la *Société impériale asiatique,* e aperti i commerci con le Americhe e le Indie.

Il commerciante Taddeo Reyer s'imbarcò sopraccarico in un bastimento per Baltimora e, in tal modo, si affermò una potenza mercantile nella piccola Borsa triestina. Patrocinatore del Lloyd Austriaco triestino insieme a Carlo L. Bruck, divenne presidente del ramo "Navigazione".

Primo giornale nel 1781

Nel **1782** Trieste aveva circa 14.000 abitanti, dei quali 600 erano ebrei, 450 greci e serbi, 160 tedeschi e cento armeni. Non sappiamo quanti erano gli sloveni, i friulani, i veneti e gli italiani, ma possiamo esser certi che saranno stati molti di più di quanti erano tutti gli altri messi insieme.

La città era divisa in otto *contrade*, ognuna con il suo capo contrada che era all'incirca quello che oggi sarebbe il capo settore dei vigili urbani e anche di più; la periferia invece era suddivisa in altre dodici contrade, e le più grandi di queste erano Guardiella e Coloncovez. In più c'erano anche undici *ville*, ovvero paesetti, dove il Comune era rappresentato dai *supani*.

Nelle contrade della periferia e nelle ville si parlava sloveno, in città invece si parlava, a detta di qualcuno, un *italiano corrotto,* che non era corrotto ma, in poche parole, era il triestino moderno in via di formazione. Quando la città era ancora ben chiusa dentro le sue mura, nelle mani di pochi patrizi che detenevano il potere, anche Trieste che, a tratti aveva fatto parte della Patria del Friuli, parlava un dialetto di tipo ladino. Però, dalla metà di questo Settecento nel nostro porto arrivavano in continuazione genti straniere, e già nel 1768, fra gli atti del processo Winckelmann, fra i testimoni avremmo trovato: cinque triestini *patochi,* quattro friulani, due istriani, un carsolino, un carniolo, un ungherese, uno svizzero, un genovese e un livornese. E tutti si comprendevano l'un l'altro perché, al tempo, il veneziano era la *lingua franca* di tutti i mercanti dell'Adriatico e del Mediterraneo Orientale e ne conseguiva che, da Odessa fino a Trieste, chi voleva fare affari doveva per forza parlare in veneziano. I forestieri che venivano a far fortuna a Trieste erano per l'appunto mercanti o avventurieri che bazzicavano i porti e che dovevano capirsi fra di loro, come oggi gli scienziati che, se non sanno l'inglese, devono adattarsi a fare l'idraulico a casa propria. A Trieste, del resto, già nei documenti del Trecento, si mescolava il veneziano con l'italiano e con il latino, dimostrando una notevole capacità di adattamento da parte dei cittadini.

Anche i nativi triestini poi si adeguarono ai tempi dato che, se volevano lasciare i campi e le saline per lavorare in città, dovevano per forza imparare la lingua dei datori di lavoro che, benché fossero greci, turchi o tedeschi, parlavano veneziano. Così tutti, anche i parrucconi triestini che non volevano saperne di tutti quei molesti stranieri, per quanto abbiano tenuto duro fino all'Ottocento inoltrato, si sono adeguati.

Tornando agli eventi cittadini nel 1782, Giuseppe II emise una seconda patente di tolleranza, questa volta rivolta agli ebrei, che poterono finalmente ricevere la cittadinanza, pur mantenendo ancora discriminazioni e disuguaglianze. Venne anche deciso di abbattere le porte del Ghetto di Trieste, disposte agli inizi del secolo per ordine dell'imperatore Leopoldo I e, nonostante gli stessi ebrei le volessero conservate, le porte vennero espressamente tolte per legge. Vennero inoltre abolite definitivamente tutte quelle norme che imponevano agli ebrei la *"differenza di vestito, portamento o altri singolari segni esteriori"* e, per di più, vennero ammessi anche alle cariche di Borsa e aprirono proprie scuole per l'istruzione della gioventù in lingua tedesca.

I greci orientali di Trieste si separarono dagli illirici e formarono una propria comunità e, sulle rive, la propria chiesa di San Nicolò, dipendente dalla patriarcale di Costantinopoli.

Grade eccitazione in città quando giunse a Trieste il Granduca Paolo, principe ereditario di tutte le Russie. In suo onore fu indetto un ballo al Teatro vecchio, illuminato a giorno.

Odorico Panfili iniziò la costruzione di uno squero piuttosto grande, situato nella zona antistante la chiesa Evangelica dell'attuale largo Panfili. Lo squero rimase poi attivo fino alla costruzione della ferrovia meridionale e, in cinquant'anni di attività, costruì la bellezza di circa seicento navi.

Venne aperta una nuova fabbrica saponi da un certo C. L. Chiozza.

Ben sette navi partirono da Trieste per avviare il commercio con la Cina. La spedizione si rivelò disastrosa e la compagnia delle Indie fu costretta a fallire; le colonie vennero abbandonate.

Il conte Guidobaldo Cobentzl promosse il trasferimento dell'*Accademia degli Arcadi Romano Sonziaci-Tergestini* da Gorizia a Trieste, ne derivò un notevole impulso a tutte le attività culturali in città. L'Arcadia triestina aprì una biblioteca al piano terreno dell'antico palazzo comunale. Successivamente la biblioteca -fondata su un piccolo patrimonio di testi tedeschi, francesi, latini e italiani- venne trasferita al primo piano di un altro edificio di fronte alla Locanda Grande e diventò così la *Biblioteca pubblica della città di Trieste*.

Tra il rimpianto dei triestini il governatore Karl von Zinzendorf terminò la sua carica e lasciò Trieste.

Nel **1783**, in seguito al riordino amministrativo previsto dalla Costituzione austriaca, Trieste diventò sede di un *"Cesareo Regio governo"* costituito anche dai territori della contea di Gorizia e Gradisca, che vennero annessi al Circolo. Al contempo fu riaffermata la dipendenza degli uffici provinciali da quelli centrali, segno della accentuata politica di accentramento che Giuseppe II andava imponendo in tutte le parti dell'impero. Ormai i poteri degli storici stati provinciali sono solo un ricordo.

Le monache Benedettine, per ottemperare all'imposizione dell'Imperatore nel 1780, che imponeva la chiusura del convento, aprirono una Scuola Pubblica Normale per fanciulle d'alto rango. Un gruppo di monache perseverò nella clausura, comunicando con il mondo esterno attraverso uno sportello ruotante detto *ruota degli esposti,* in quanto le pie monache vi trovavano a volte il fatidico cestello con il neonato abbandonato.

Il convento dei francescani di Trieste fu soppresso come pure tutte le confraternite in Trieste, Gorizia e nell'Istria austriaca. I loro beni vennero incamerati.

Furono soppressi anche tutti i cimiteri minori in Trieste, cioè quelli della Beata Vergine del Mare, di San Francesco, dei Santi Martiri, di Santa Caterina, di Santa Maria Maddalena e di San Nicolò. Vennero interdette tutte le sepolture private. Unico cimitero cittadino rimase quello di San Giusto. Rimasero la chiesa e il convento quale chiesa succursale di San Giovanni.

La contea di Gorizia venne unita a Trieste, per cui nuova pianta di dicasteri politici e giudiziari.

Si aprì il commercio con l'America settentrionale e una prima nave austriaca venne diretta da quelle parti.

Il nuovo governatore di Trieste, conte Pompeo de Brigido, introdusse il Corso delle carrozze negli ultimi giorni di carnevale.

Finalmente la scuola nautica, con tutti gli oggetti già rivendicati, ritornò definitivamente a Trieste e, in pochi mesi, riaprì regolarmente tutti i corsi di studio.

Venne rinnovato il divieto di esportare querce da Trieste.

Venne emesso un nuovo regolamento per i sensali di Trieste.

Si alzò il lastrico nella Piazza Grande di Trieste, perché soggetto ad alta marea.

Piazza Grande

Un'altra prova del fatto che Giuseppe II se ne fregasse altamente di tutte le religioni o, perlomeno, che le considerasse tutte quante uguali si ebbe nell'anno **1784** quando fece chiudere un mucchio di chiese anche a Trieste. Sparirono così le chiese della Beata Vergine del Rosario, di San Lorenzo, di San Sebastiano e del Crocifisso, e anche le cappelle di San Servolo e di San Giacomo, mentre la chiesa di San Martino, entro il recinto del convento di San Cipriano, fu soppressa e convertita in edificio ad uso di scuola per le fanciulle. Inoltre il giovane clero di Trieste fu inviato a Graz, in Stiria, per esservi educato.

Giuseppe II promulgò la *Zirkularverordnung,* una leggina che istituì e regolamentò la vendita diretta di vino, mosto e prodotti della terra da parte dei contadini.

L'imperatore fece demolire la porta di Riborgo, eretta nel 1451 dall'imperatore Federico III con l'ordinata riedificazione generale delle antiche mura in gran parte distrutte durante le molte guerre ed aggressioni che la città aveva subito nel passato medioevo.

Vennero introdotte a Trieste delle scuole tedesche per fanciulle; venne inoltre istituito un nuovo regolamento dei sensali e la congregazione della carità del prossimo.

Venne aperto il cimitero militare e della confessione elvetica alla Fornace di Trieste

Il toscano Giuseppe de Coletti, già fondatore dell'Accademia degli Arcadi Triestini, il 3 luglio iniziò a stampare *L'Osservatore Triestino,* il primo giornale edito a Trieste. Il Coletti iniziò con lo stampare poche copie, ma agli inizi dell'Ottocento già aveva una tiratura di tutto rispetto. Venne pubblicato fino al 1933.

Per la stagione estiva arrivò a Trieste la compagnia tedesca di spettacolo di Felix Berner, composta da 58 persone, quasi tutti bambini prodigio. Il repertorio comprendeva la tragedia, la commedia, l'opera buffa e il balletto.

Nell'agosto del 1784 ricominciarono i corsi della scuola nautica con venti iscritti e si propose la sala del Consiglio per ospitare gli esami. In seguito, nel 1787 vi furono molte lamentele poiché molto studenti non trovavano imbarco facilmente.

Nel **1785** Giuseppe II non ebbe pietà neppure per il vescovo di Trieste che fu obbligato a lasciare l'antica residenza episcopale, che diventò ospedale e Conservatorio, ovvero orfanotrofio, mentre il vecchio conservatorio fu trasformato in caserma.

I Misericorditi di Trieste vennero trasferiti a Lubiana, e il loro ospedale passò al Conservatorio. Fece, inoltre, sopprimere il convento dei minoriti di Grignano, che passarono al convento di Trieste e anche il convento dei Cappuccini, nonostante il desiderio della popolazione che chiedeva la costruzione di un altro a proprie spese.

Con i fondi requisiti alle chiese e ai conventi l'Imperatore fondò le prime parrocchie, come la cappellania di Gattinara con Longera, tratta in parte dalla cappellania di Grozzana e il resto da Trieste e la cappellania di Barcola. Inoltre lasciò al comune di Trieste gli edifizi e fondi che erano dell'Ordine ospedaliero *Fatebenefratelli*.

Venne introdotto un nuovo regolamento per le devozioni nelle chiese; s'introdusse il canto tumultuario del popolo. L'inno sacro per Trieste venne composto dall'abate Casti.

In città il ramo delle assicurazioni ebbe un grande sviluppo. La prima Compagnia di Assicurazioni, fondata nell'anno 1766, venne seguita da tante altre, fatto sta che le operazioni durante quest'anno sorpassarono i 70 milioni di fiorini. Alcune iniziative fallirono, alcune grosse speculazioni ruppero le ossa a qualche mercante, ma il movimento avanzava continuo, con un ritmo accelerato.

Convento Fatebenefratelli

Il governo ordinò di aprire le porte del Ghetto di Trieste ma *"gli ebrei sono renitenti e vogliono siano conservate pretestando anche il pericolo di irruzione di plebe, come la plebe non trovasse aperte le porte di giorno, e non le potesse sfondare di notte, che già non erano porte di bronzo, ma di sottile tavolato. Le porte furono tolte, e nulla affatto avvenne che potesse turbare quel Rione, ove sogliono convivere gli Ebrei di umile condizione -facendo quello stesso mestiere che facevano 300 anni fa, e che faranno da qui a 300 anni- mentre gli agiati vivono dappertutto nella città e nelle ville, senza alcuna perturbazione".*

Per meglio comprendere il comportamento degli ebrei triestino bisogna sapere che:

"La formazione di Ghetto in Trieste non fu ordinata per Trieste soltanto, né dal Comune, il quale non aveva giurisdizione sugli Ebrei ; né voluta dalla generalità dei Triestini abituati a vivere pacificamente colli Ebrei da parecchi secoli. Il primo clamore era venuto ancor nel secolo XVI dal napoletano.

Allorché venne l'ordine dell'Imperatore Leopoldo I, il pubblico miscredeva: colla forzosità fu scelta la Corte detta dei Trauner, capace di essere chiusa a porta, ma i proprietari di quelle case non volevano, né gli Ebrei volevano entrarvi, né il Magistrato era zelante nel dare il braccio forte; qualcuno fu portato, ed avvennero atti di disperazione. Una giovanetta incendiò la casa e potè comodamente fuggir a Tirano. Si oppose la insufficienza del quartiere assegnato alli Ebrei, sperando cadesse il proponimento.

Ma venne novello ordine, il Ghetto ebbe sito assegnato di tredici case intorno alla piazzetta delle Scuole Ebraiche, il più delle case erano di Cristiani, e questi non volevano, ma gli ordini erano imperiosi e, nell'anno 1696, gli Ebrei dovettero entrarvi. Il Ghetto formavasi

*di un largo e due vie; tre erano le porte, la principale dal
lato della piazza del Rosario, una seconda nella via delle beccarie, all'influenza della via delle Scuole, 1'altra
dal lato opposto, sulla via di Riborgo; una pusterla era
ivi prossima. Il Ghetto doveva chiudersi nelle prime ore
di notte, non aprirsi prima di giorno; il portiere doveva
essere un cristiano: ma l'esecuzione non era poi rigoro-
sa; chi tornava da spettacoli entrava pagando un diritto al portiere; medici, ostetrici, entravano e sortivano;
nessuna cappella cristiana costrutta in mezzo il Ghetto,
né in questa né in altre, costretti gli Ebrei ad ascoltare
prediche o messe, mai mandati predicatori a convertirli;
né il popolo che non esigeva l'imposizione del simbolo,
esigeva l'osservanza della chiusura."* (Tratto da: Scussa V., Kandler P., Storia cronografica di Trieste, Trieste,
Coen, 1863 pag. 208).

A Trieste venne istituita una loggia massonica nel
segno dell'Ancora.

Venne emessa una nuova legge di procedura per le
locazione e sloggi di stabili urbani in Trieste.

Il governo deliberò di tagliare il bosco Farneto di
Trieste, ma poi desistette nel timore di portare pregiudizio alle condizioni climatiche.

Piazza della Dogana Nuova nel 1791, ora Piazza Vittorio Veneto

Giuseppe II diede la dogana vecchia al conte Cassis che ne costruì un'altra nella città nuova.

La città, in dieci anni, aumentò la popolazione del 70 per cento: i 10.664 abitanti del 1775 erano diventati 17.600 durante quest'anno, in gran parte grazie all'immigrazione d'italiani e di gente da ogni parte d'Europa. Persino Antonio de Giuliani lascia il suo pessimismo degli anni precedenti e nelle sue Riflessioni politiche sopra il prospetto attuale della città di Trieste, constata il successo dell'impresa, così disperatamente voluta e così stentatamente portata avanti:

"Altre volte il mondo era tutto dei conquistatori [...]. Oggi tempi più felici presentano un quadro assai diverso per l'umanità. Non si calcola più nei fasti di un monarca il numero delle città demolite, ma quello delle città edificate. Si osservino gli spiriti mediante una felice rivoluzione già inclinati ad un nuovo ordine di idee cessar d'occuparsi delle chimere, che prima assorbivano tutte le nostre attività fisiche, e morali [...]. Il commercio, le scienze e le arti dopo aver soggiornato in un luogo, amano di passar sott'altro cielo a migliorare il destino delle nazioni [...]. A Trieste venga l'uomo di riflessione a meditare sopra il modo con cui nascono e si formano le città".

Nel **1786** Giuseppe II scese per la seconda volta a Trieste. La prima volta era venuto in privato e si era fermato pochissimo; questa volta invece arrivò il 4 marzo alle quattro del pomeriggio, passando in mezzo ad una folla di gente acclamante. Come per la prima visita, si sistemò alla Locanda Grande rimanendo ben cinque giorni in città e partendo con una testa carica di nuovi progetti.

Giuseppe II emanò un decreto di germanizzazione con l'ordine che, entro tre anni, l'uso della lingua italiana presso tutte le corti di giustizia del Friuli orientale e di Trieste dovesse cessare completamente e che in tutte le discussioni le parti, i giudici e gli avvocati non potessero usare che la lingua tedesca.

A Trieste vennero aperti il tempio protestante e l'elvetico.

I greci orientali iniziarono la costruzione della chiesa di san Nicolò e stabilirono gli statuti della comunità greco orientale di Trieste.

Alla cappellania di Servola venne annessa buona parte di S. M. Maddalena inferiore.

Si attivò in città una Casa dei poveri.

Sui navigli mercantili venne inalberata la bandiera austriaca al posto dell'imperiale e venne pubblicata la prima parte del codice austriaco.

Si trattò di aprire a Trieste un banco di prestito e giro e si aprì un banco di assicurazioni e cambio marittimo.

In un solo anno arrivarono a Trieste ben 2.700 persone, il che fece nuovamente aumentare il numero di abitanti. In dicembre la cancelleria aulica chiese al barone Pietro Antonio Pittoni un rapporto generale sullo stato della città, da cui risultò la presenza in città di 14.230 cittadini e in campagna di 5.842 persone e, inoltre, 674 bovini e 153 cavalli, tanto che si iniziò a gettare le basi di un nuovo borgo.

Nel **1787** in parte anche a causa delle pressioni di Giuseppe II - che premeva per una nuova guerra che permettesse all'Austria di rifarsi dopo lo smacco del *Trattato di Belgrado* - la zarina Caterina II dichiarò guerra ai Turchi con la scusa di voler liberare dal dominio dei mussulmani tutti i cristiani ortodossi dei Balcani e così, reduci dalle vittoriose operazioni in Crimea, i russi attaccarono l'Impero ottomano. Questo nuovo conflitto europeo per i triestini fu quasi una manna, perché tutto il traffico del Mar Nero si spostò proprio qui da noi. Troviamo nelle Croniche: *"Li negozianti più ricchi di Nisna nella Russia erano venuti a stabilirsi a Trieste, fra quali erano venuti Cruciani, Buba e Ballano di Giannina per ricevere perle, ed altri prodotti, della Turchia (...) Trieste ebbe una brillantissima epoca e tutt'i Greci negozianti frammescolati in questo floridissimo commercio si arricchirono, persino quelli che facevano il sensale, o lo scrivano".*

Giuseppe si mise a fianco della Zarina l'anno dopo e, nell'aprile del **1788**, anche lui dichiarò guerra al sultano Abdul Hamid e così, per Trieste, durò ben poco il periodo miracoloso.

Per la guerra coll'Impero Ottomano l'Imperatore fu costretto ad armare alcuni bastimenti mercantili, e provvedere alla costruzione di scialuppe cannoniere, di sciabecchi e di felucche per la difesa dei porti di Trieste, di Fiume e di Segna.

Pertanto venne a Trieste per la terza volta, per rendersi conto personalmente delle condizioni del porto, andò poi che decise di aprire un cantiere regio navale non a Trieste ma a Porto Re.

Finalmente venne pubblicato il rinnovato codice criminale austriaco sui delitti e sulle pene e sulla procedura penale, che coinvolse tutti gli stati asburgici. Di grande rilievo ne derivò l'abolizione della pena di morte per i civili e l'abolizione della tortura per estorcere le confessioni degli imputati.

Gli editti di tolleranza emessi finora dall'Imperatore ebbero notevoli ripercussioni a Trieste, perché favorirono l'afflusso di un grande numero di mercanti e di prestatori d'opera di religione greco-ortodossa, serbo-ortodossa ed ebraica. In particolare la comunità ebraica ebbe considerevole sviluppo, come lo dimostrarono i dati di quest'anno, nel quale la comunità contava ben 670 membri, divisi in 153 famiglie.

Con una nuova patente doganale vennero riconfermate le esenzioni per la città di Trieste.

Venne istituita la direzione delle pubbliche costruzioni per Trieste e ripristinato un proprio tribunale criminale per la città.

Venne promulgato il decreto legge per il nuovo borgo di Trieste chiamato *Borgo Giuseppino,* che ebbe una crescita immediata. Si edificò con una tipologia diversa da quella del Borgo Teresiano, formando una zona parallela sulle rive di fronte al mare composta da una catena di stabili perfettamente rettilinei, strettamente legati all'attività portuale e una zona residenziale, nella fascia interna collinare, dedicata agli edifici di rappresentanza e residenziali.

Il 4 luglio **1789** il popolo di Parigi assaltò la Bastiglia, cambiando l'Europa e il mondo intero.

Lo scoppio della Rivoluzione francese e le mire espansionistiche della Russia convinsero gli Asburgo della necessità di pacificare il loro confine orientale per concentrarsi sulla scena politica europea, ma questi avvenimenti non rallentarono lo sviluppo della città, anzi lo favorirono grazie all'isolamento della Francia e alle sue difficoltà interne ed internazionali.

Il giornale *l'Osservatore Triestino* seguiva con attenzione gli avvenimenti francesi, schierandosi apertamente a favore del re Luigi XVI e condannando ogni forma di "disordine".

Il tentativo di applicare il decreto di germanizzazione emesso nel 1786 dall'Imperatore fu un affare impossibile, la lingua veneta detta *cosmopolitica* era già di largo uso praticamente di tutte le persone giunte a Trieste da ogni parte del mondo e si rimandò a un altro anno.

Una pietra miliare nella storia della città si ebbe quest'anno con il completamento dei lavori dello "Squero Panfilli" nel nuovo Borgo Teresiano, che finalmente permise uno scalo funzionale per le imbarcazioni, incrementando quindi traffici e affari.

La cronaca cittadina riportava l'apertura di una scuola a Servola, nonché la fondazione di una nuova Società greca d'assicurazione.

La città contava 21.900 abitanti.

A dieci anni dalla morte di Maria Teresa, nel **1790**, anche a Giuseppe toccò l'umana sorte di nascere per morire ma, "Viva l'A. e po' bon", nessuno si sarebbe sognato di scommettere che avrebbe raggiunto lo stesso cielo della mamma, in quanto tutte le preghiere arrivate Lassù dai vari parroci, vescovi e cardinali, fors'anche con il patrocinio papale, chiedevano una direzione completamente opposta.

LEOPOLDO II D'ASBURGO-LORENA
Vienna, 5 maggio 1747
Vienna, 1 marzo 1792

Quasi come per i papi, morto un re se ne fa un altro: era il turno di Leopoldo, fratello minore del defunto Peppino, già Granduca di Toscana dal 1765 al 1790 con il nome di Pietro Leopoldo I di Toscana, che venne eletto Imperatore del Sacro Romano

Impero e re d'Ungheria e Boemia con il nome di Leopoldo II d'Asburgo-Lorena. Di certo il bisnonno Leopoldo I avrà saltellato dalla gioia sulla sua colonna in Piazza della Borsa a Trieste e, dato che Leopoldo II nel recarsi a Vienna per l'incoronazione è passato per Trieste, gli avrà dato la sua benedizione che ahinoi, ebbe ben magro risultato.

Era il nono dei 16 figli di Maria Teresa. Nel 1765 sposò l'infanta di Spagna Maria Luisa di Borbone-Spagna dalla quale ebbe 16 figli, fra i quali l'ultimo imperatore del Sacro Romano Impero Francesco II, poi imperatore d'Austria con il nome di Francesco I.

Ereditato il trono imperiale alla morte del fratello Giuseppe II, iniziò a preoccuparsi attivamente delle innovazioni introdotte da questi pur contrastando alcuni ideali del precedente governo. Egli riconobbe gli Stati di governo quali "colonne della monarchia", pacificò ungheresi e boemi e acquietò gli insorgenti dei Paesi Bassi austriaci (attuale Belgio) con diverse concessioni. Quest'ultima prova però ebbe esito negativo e Leopoldo II fu costretto a far marciare le proprie truppe nel paese per ristabilire l'ordine e l'autorità austriaca. Continuò ad ogni modo a sostenere che nessuna bolla papale potesse essere pubblicata entro i suoi domini senza il regio assenso. Per placare altre incombenze create dal regno del fratello, egli dovette emanare un decreto il 9 maggio 1790 che forzava centinaia di servi boemi liberati dal fratello a tornare in servitù dei loro vecchi padroni.

Malgrado questi inconvenienti, il suo regno fu sostanzialmente un periodo contraddistinto da una pacificazione generale dell'Impero, anche se bisogna ammettere che il risultato non fu strabiliante e riformatore come in Toscana, data forse la breve durata del suo governo che fu di appena due anni.

> Nonostante il breve tempo concessogli riuscì a mettere a posto, anche a Trieste, molte cose spostate dal fratello Giuseppe II.
> Morì improvvisamente a Vienna nel marzo del 1792 dopo una brevissima malattia che i medici non seppero diagnosticare.

E cosa fece in due anni di regno il pronipote del nostro grande Leopoldo I, dato che il fratello maggiore aveva già sconquassato le palle a metà dei suoi sudditi e rotte del tutto all'altra metà?

Con tanta buona volontà Poldino tentò di ri-restaurare alla meno peggio quello che il focoso restauratore Peppino aveva restaurato al suo meglio, magari a volte a ragion veduta, ma senz'altro con centinaia di migliaia di va a... dove ti porta il cuore!

Per i triestini, in primis i patrizi ex parrucconi della città, andò alla grande dato che con Leopoldo II ripresero a funzionare tutte le *autonomie locali* e Trieste tornò a governarsi da sola come aveva sempre fatto fino a pochi anni prima. Il ripristino di quasi tutti i privilegi municipali distrutti nel secolo, portò la nostra città sulla soglia dei tempi moderni con una sua propria fisionomia e con una particolare struttura di corpo provinciale separato.

Nel **1791**, imperante Leopoldo II, la città contava 25.000 abitanti.

Leopoldo II siglò la pace con Istanbul a Sistiva il 4 agosto 1791 riconsegnando Belgrado agli Ottomani e si accontentò di una piccola striscia di territorio bosniaco.

Trieste ricevette un mucchio di regali dall'Imperatore: restituì la diocesi di Trieste e sciolse quella di Gradisca. La nuova diocesi abbracciava l'antica dentro i confini austriaci ed era sottoposta al metropolita in Lubiana; il nuovo capitolo era di quattro canonici.

Il *duomo antico di Trieste,* già condannato ad essere diroccato, venne invece riconosciuto chiesa cattedrale. Inoltre restituì alla città il vescovato, soppresso due anni prima, ma eliminò il titolo vescovile di conti di Trieste, usato da sempre dai vescovi locali. Nuovo vescovo fu nominato il tedesco Sigismondo de Hohenwart e, anche se non gli venne concesso di fare uso del titolo di *conte di Trieste,* avrà ballato di gioia con le nuove scarpette rosse. Solo la richiesta del permesso di riportare a Trieste il seminario per l'educazione del clero non venne accolta.

Ma c'è di più, dietro esplicita richiesta del Comune di Trieste, Leopoldo II abrogò il decreto di germanizzazione emesso dal fratello Giuseppe II, cinque anni prima.

Il Duomo antico

Il palazzo municipale

Trieste era tutta in effervescenza: venne ampliato e restaurato il palazzo municipale; si iniziò la costruzione del primo *ospitale militare* e della pistoria, ovvero panetteria, militare in città. Vennero istituiti il regolamento per il *Brieftraeger* di Trieste e due commissariati di polizia l'uno per la città nuova, l'altro per la vecchia. La barriera vecchia di Trieste traslocò in *Largo Barriera Vecchia,* nome rimasto attuale.

Peccato però che arrivò una marea straordinaria, che creò molti danni nei magazzini situati al pianoterra.

Il primo figlio di Leopoldo II, il ventiquattrenne Francesco, non ebbe da attendere molto per ricevere l'eredità del padre, perché nel 1792 Leopoldo andò a fare visita perpetua ai parenti.

E con l'eredità si beccò tutto il pacchetto che, in questo 1792 fino all'agosto del 1806, comprendeva anche il Sacro Romano Impero.

FRANCESCO II D'ASBURGO-LORENA
Firenze, 12 febbraio 1768
Vienna, 2 marzo 1835

Francesco fu l'ultimo Imperatore dei Romani con il nome di Francesco II e primo Imperatore d'Austria con il nome di FRANCESCO I D'ASBURGO-LORE-NA. Fu l'ultimo Duca di Milano, ma fu anche re di Boemia, Croazia e Ungheria, i reami ereditari della Casa d'Austria che confluirono nel nuovo Impero da lui fondato.

Ebbe la fortuna ereditaria dei suoi avi ma anche la sfortuna di incontrare nel suo percorso professionale il futuro genero Napoleone Bonaparte.

E fu così che, per contrastare l'egemonia di Napoleone in Europa, nel 1804 assunse anche il titolo di Imperatore d'Austria. Dopo aver regnato 12 anni quale Imperatore dei Romani, nel suo proclama del 6 agosto 1806, dichiarò l'Impero estinto e sancì che *"la corona imperiale tedesca e il governo imperiale"* erano ufficialmente decaduti e che *"gli Elettori, Principi e altri ceti, così come tutti gli appartenenti e vassalli dell'Impero tedesco, sono sciolti dai loro precedenti obblighi"*. Diede così alla luce l'Impero ereditario d'Austria, costituito dalle terre ereditarie della Casa d'Asburgo. Questo perché se la Corona Imperiale dei Romani fosse finita in mani francesi anche le sue terre austriache comprese nel Reich avrebbero potuto cadere sotto il dominio napoleonico.

Francesco trascorse i primi anni della sua vita in Italia, dove condusse una vita quieta e patriarcale ben lontana da quella della nonna Maria Teresa e dello zio Giuseppe II. Fin da ragazzo si interessò particolarmente alla botanica e, da vero asburgo, fu un grande amante della musica.

Collezionò ben quattro mogli. La prima fu Elisabetta Guglielmina di Württemberg, dalla quale ebbe una figlia che morì a un anno. Rimasto vedovo sposò la sua prima cugina Maria Teresa Carolina di Borbone-Napoli, dalla quale ebbe ben undici figli, dei quali val la pena ricordare:

le figlie Maria Luisa sposata a Napoleone Bonaparte diventando Imperatrice di Francia e Maria Leopoldina che fu Imperatrice del Brasile.

L'erede al trono, l'imperatore Ferdinando I, succeduto al padre nel 1835, abdicò nel 1848 in favore del fratello Francesco Carlo, che cedette la corona al suo primogenito Francesco Giuseppe, che regnò per ben 63 anni (1848 -1916), mentre il fratello minore Ferdinando Massimiliano, nel 1864, fu eletto Imperatore del Messico.

Una serie di lutti portò il beato Carlo I, pronipote di Francesco Giuseppe, a diventare l'ultimo imperatore d'Austria (1916-1919).

Francesco I con parte della famiglia

Nel 1808 Francesco sposò la cugina di primo grado Maria Ludovica Beatrice d'Asburgo-Este. Morta la ventottenne Maria Ludovica, l'Imperatore sposò Carolina Augusta di Baviera, figlia del re Massimiliano I di Baviera.

Diventato imperatore, diventò uno dei più acerrimi nemici di di Napoleone, tanto da ridursi sull'orlo della crisi finanziaria. Ne uscì bene solo perchè il "borghese" Bonaparte, benché Imperatore dei francesi, voleva una discendanza reale e, grazie ai raggiri del potente ministro austriaco Klemens von Metternich, aveva posato gli occhi proprio sulla figlia del nostro Francesco. Il matrimonio della figlia Maria Luisa con il Bonaparte sancì un'alleanza fra i due imperi, quello austriaco e quello francese, che durò fino alla disastrosa campagna di Russia, quando l'Austria si schierò con i precedenti alleati Inghilterra, Prussia e Russia. Nel frattempo da questa unione era nato il figlio Napoleone Francesco - così chiamato anche in onore del nonno l'Imperatore Francesco I - che, dopo il confino di Napoleone all'Elba, fu portato a Vienna dove, su espressa richiesta della madre e del nonno, venne educato secondo i valori asburgici.

E fu anche grazie al Metternich, a cui Francesco aveva affidato la direzione della politica austriaca, che gli riuscì di far riunire in Austria il Congresso di Vienna, che gli restituì gran parte dei territori perduti negli ultimi anni di guerra contro i francesi. Dopo il Congresso di Vienna, Francesco I cercherà di mantenersi al di fuori di scontri internazionali, concedendo all'Austria un ventennio di pace, che fu molto prolifico per la propria economia interna e per le relazioni con l'estero.

Francesco I non ebbe preferenza per alcuno dei

suoi popoli ma visitò o passò per Trieste ben tre volte.

La prima volta, il 30 aprile 1816 invece della statua sulla colonna, per il suo passaggio i triestini gli eressero le due colonne di Nabresina (oggi Aurisina).

Francesco ritornò a Trieste nel 1830 per inaugurare la nuova strada per Opicina e, anche questa volta niente monumento in suo onore, ma venne eretto l'Obelisco di Opicina all'inizio della Strada Vicentina (dal nome dell'ingegnere che ne progettò il tracciato) che i triestini chiamano Napoleonica.

Ritornò in visita ufficiale della città nel 1832 e questa volta i triestini gli resero degli onori ancora più grandi, non gli eressero nemmeno un'asticciola, ma intestarono a suo nome il Borgo Franceschino.

Il 2 marzo 1835, Francesco morì nel Castello di Schönbrunn a causa di una febbre improvvisa all'età di 67 anni, in presenza di molti membri della sua famiglia e con tutti i conforti religiosi del caso. Come da tradizione, venne sepolto nella *Kapuzinergruft* di Vienna, alla tomba n. 57, attorniato dalle sue quattro mogli.

Pesa pubblica in Piazza Ponterosso

Anno tranquillo questo **1792** per Trieste: Giovanni Miletich giunse a Trieste da Sarajevo e aprì la prima scuola in lingua slava nell'Europa meridionale, mentre il terzo ginnasio di Trieste venne aperto nel convento dei francescani. E guarda là, c'era anche chi lavorava sodo, come un certo Antonio Eisner, che aprì una pesa pubblica a Trieste in *Piazza del Ponte Rosso*.

Nel **1793** Il governo municipale era all'erta e, per evitare la diffusione delle nuove idee rivoluzionarie francesi decise, durante quest'anno, di sopprimere la loggia massonica, considerata un pericoloso focolaio d'infezione di *"quegli spiriti giacobini che in quell'anno spadroneggiavano in Francia"*.

L'imperatore concesse alla nazione armena di Costantinopoli il possesso, la proprietà e la libera amministrazione e disposizione di tutta la facoltà e beni che l'istituto mechitaristico di Trieste possedeva.

Il patronato della parrocchia di Opchina e della cappellania di Servola venne conferito al magistrato di Trieste mentre, dapprima, era del fondo di religione.

Vennero completati gli statuti della comunità greca di Trieste.

Il Teatro San Pietro, diventato uno dei punti focali della città, era frequentato sia dai patrizi che dal popolino. Nella piazza retrostante al teatro San Pietro, ormai chiamato "Vecchio", il ricchissimo conte Antonio Cassis Faraone commissionò agli architetti Giannantonio Selva e Matteo Pertsch la costruzione del *"Teatro Nuovo"* che fu solennemente inaugurato nell'aprile 1801. Dopo la chiusura il vecchio teatro settecentesco venne del tutto abbandonato fino al suo abbattimento nel 1822 mentre la piazza di Trieste a lungo nominata anch'essa di San Pietro, riacquistò nuovi spazi trasformandosi in una piazza veramente Grande.

Nei fatti di cronaca troviamo che:

"Le rappresentazioni nel teatro San Pietro dispongono di uno scenografo, un coro di 6 o 12 persone e un'orchestra composta da 19 strumenti musicali diretta dal primo violino e dal maestro concertatore. Per le "prime" l'ingresso costa uno zecchino ed era riservato alla élite dei patrizi che giungevano a cavallo avvolti nei tabarri rossi con tanto di tricorno sul capo e spadino sul fianco e alle eleganti, profumatissime dame che celate da ventagli in piume di struzzo con candide parrucche cosparse di polveri dorate, scarpette luccicanti sotto le larghissime gonne scendevano graziosamente dalle portantine rette dai loro servi. Sul palcoscenico del Teatro San Pietro si esibirono famose compagnie di prosa che restavano in cartellone anche per 40 recite, abili prestigiatori ma anche guitti, comici e mimi circensi. A grande richiesta venivano organizzati anche degli allegri balli popolari chiamati "petizza" dal soprannome della moneta (un terzo di Fiorino) che si pagava per l'ingresso."

Viene aperta anche una sala del ridotto e messe a disposizione delle carrozze pubbliche per accogliere e riaccompagnare i partecipanti ai balli e agli affollatissimi veglioni di Carnevale.

Dall'annuncio del Comune si rileva che *"Per comodo dei concorrenti alli balli del Ridotto, si fa sapere che l'impresario terravvi quattro uomini forniti di ferale acceso, pronti ad accompagnare nelle serate oscure, verso una ricognizione arbitraria, chiunque volesse prevalersene."*

Le idee rivoluzionarie giunte dalla Francia si erano nel frattempo diffuse rapidamente anche tra il popolo di Trieste e, nell'anno **1794**, il console veneziano a Trieste riferì come nelle taverne gli uomini del popolo mostrassero *"sensi arditi di parzialità per i francesi, bramandone la comparsa, asserendo essere pronti a secondarli e perfino ponendosi, bensì momentaneamente, dei segni sopra la berretta che in tal caso così farebbero a similitudine delle coccarde francesi"*. Ben si comprende quindi il sollievo con cui il patriziato e le autorità accolsero la notizia della caduta di Robespierre, che nelle cronache dell'Osservatore Triestino venne descritta come *"la giusta punizione, di natura quasi divina, di un anno di massacri e di violenze."*

Nuovamente una marea straordinaria invase le rive, con gravi danni nei magazzini.

Il tribunale criminale di Trieste venne unito al civico provinciale e venne rinnovato il regolamento di Borsa.

Nel **1795** la chiesa greca orientale venne dispensata da ogni tutela economica della contabilità imperial regia, fu resa indipendente dal vescovo di Karlstadt e le venne assicurato l'uso della lingua greca. La Curia cedè il terreno per l'erezione del cimitero a Servola.

Un gruppo di impiegati presso ditte tedesche chiese alla locale direzione di polizia il permesso di tenere un teatro di dilettanti per potervi rappresentare nei giorni di festa degli spettacoli tedeschi a diletto proprio e di alcuni amici.

Nei primi mesi del **1796** la congiuntura rimane ancora favorevole per la città, ma già verso la metà dell'anno le cose si mettono al peggio, a causa delle brillanti vittorie raggiunte dal generale Bonaparte nel corso della *Campagna d'Italia,* la serie d'operazioni militari guidate da Napoleone Bonaparte alla testa dell'Armata d'Italia durante la guerra della prima coalizione combattuta dalla Francia rivoluzionaria contro le potenze monarchiche europee dell'Antico regime, nello specifico rappresentate dal Regno di Sardegna, dal Sacro Romano Impero e dallo Stato Pontificio. A giugno i timori sono ormai pressanti: i francesi sono giunti a Bassano e minacciano di arrivare fino in città a raccogliere le ricchezze di Trieste.

"La desolazione tramortì il ceto commerciale, i traffici furono interrotti, il denaro sparve dalla circolazione, le banche di Venezia e di Vienna chiusero il credito alla piazza, la gente cominciò a salvarsi. Poi, visto che i Francesi non si movevano, la paura -la 'tremarola' come dice Zinzendorf- si calmò: ma gli affari rimasero in piena stagnazione".

A causa della chiusura della sede sotto il vecchio teatro San Pietro, la biblioteca degli Arcadi Sonziaci di Trieste, composta da 2.735 opere, passò al Comune, che costituì così la sua prima biblioteca civica.

Grazie ad una concessione dell'Imperatore, a Trieste si formò un terzo borgo che, dall'Imperatore, prese il nome di Borgo Franceschino. Il nuovo borgo venne progettato sulla base di quello Teresiano, con un carattere prettamente residenziale e che, ben presto, diventò il punto focale della vita pubblica e sociale triestina, grazie all'allestimento di nuovi teatri cittadini, la bella passeggiata lungo l'Acquedotto così come numerosi punti di ritrovo, ristoranti e caffè.

La *città nuova* veniva così a comprendere tre borghi: il Borgo Teresiano dedicato a Maria Teresa (nel centro della foto); il Borgo Giuseppino dedicato a suo figlio Giuseppe II (a sinistra sul lato mare) e il Borgo Franceschino dedicato al nipote della grande imperatrice, Francesco II (a destra verso l'interno del territorio).

Il 22 marzo **1797** giunse a Trieste il commissario francese Campana latore di una lettera di Napoleone Bonaparte in cui intimava la resa della città.

Il 23 marzo il generale Gioacchino Murat arrivò a Trieste con 30 ussari, prese possesso della città e, non smentendo le usanze francesi, prelevò dalla cassa civica 21.000 franchi e ripartì.

Il giorno seguente il generale Dugua con 230 dragoni irruppe in città avanzando la richiesta di 2.600.000 lire torinesi in nome della *libertà rivoluzionaria*.

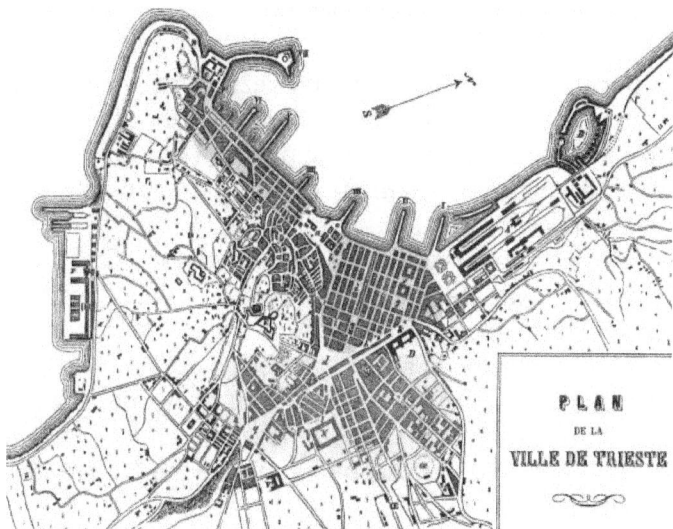

I tre nuovi borghi

Il 29 aprile arrivò Napoleone Bonaparte con due generali e cento ussari in casco color arancio e coda, giunge a Trieste su un cavallo bianco donatogli dai triestini e dorme nel palazzo Brigido, costruito dal conte Pompeo Brigido in via Pozzo del Mare. L'indomani, affetto da un doloroso male di denti, riparte in carrozza -seguito dai generali Murat, Berthier, Lannes

Napoleone entra a Trieste

e Bernardotte, il futuro re di Svezia- con la cassa del Comune e un riscatto cospicuo di tre milioni in quanto considera la città di Trieste preda di guerra.

In Francia venne coniata una medaglia in memoria della presa di Trieste.

Dopo la cacciata del generale austriaco Casimir e l'arrivo di Napoleone in persona si creò una gran confusione fra la popolazione, divisa tra le mire di diversi poteri e costretta a pagare l'alto costo del suo sviluppo mercantile, tra l'altro messo a dura prova per i continui conflitti austro-inglesi-francesi.

Il generale delle truppe napoleoniche Desaix così definì la città:

"Interessantissimi a Trieste sono i costumi che si vedono per le strade, di gente di tutte le nazioni e specie. Tedeschi e ungheresi. che vengono a caricare le mercanzie, (...) gli ungheresi vestiti alla ussara, (...) mentre i tedeschi hanno cavalli grandi e carri enormi.

E poi tanti levantini, di tutte le specie, greci, turchi dell'Asia l'Minore, dell'Africa, ognuno col suo costume caratteristico, tutti con brache larghissime fino al ginocchio; molti portano i capelli neri attorti in trecce (...) I turchi sono in sandali, chi a gambe nude, chi con pan-

taloni ampi, (...) seduti su tutte le banchine, fumano in continuazione le loro lunghissime pipe."

Il 17 ottobre viene stipulata la *pace di Campoformido*.

In seguito alla pace di Campoformido, Napoleone dovette cedere all'Austria -che rientrò in città con 2.500 uomini, di cui 360 cavalleggeri ungheresi- oltre a Trieste, l'Istria costiera, la Dalmazia e il Veneto in cambio del Belgio e della Lombardia. In tal modo a Trieste furono convogliati tutti i traffici commerciali di queste zone e la città ne trasse grande beneficio economico. Infatti negli anni della guerra contro i francesi, Trieste, lontana dai luoghi di battaglia ed unico porto franco ancora aperto nella generalizzata situazione di blocco navale, continuò a prosperare economicamente e demograficamente; ancor più dopo il trattato di Campoformido, che aveva posto fine alla repubblica di Venezia, nel 1797.

Risolte le velleità napoleoniche, Trieste fu destinata a diventare il primo emporio dell'Europa centrale e punto strategico per i traffici con l'impero e la costa adriatica. I commercianti aumentarono potere e ricchezze con spericolate mediazioni e abili capitalizzazioni favorite dalle esenzioni doganali.

Immancabilmente il ritorno degli austriaci nella città si accompagnò a polemiche e recriminazioni tra le diverse fazioni: parecchi cittadini, tra cui alcuni impiegati governativi e, in generale, i massoni e gli israeliti, vennero denunciati come fautori della Francia e della rivoluzione. Venne aperta un'inchiesta e il Consiglio di stato, soddisfatto delle dichiarazioni di fedeltà trasmesse dall'inquisitore e dal governatore, non diede corso ad altre indagini.

Nel **1798** il gran maestro di Malta, Ferdinando barone di Hompesch, cacciato dai francesi, venne in esilio a Trieste.

Vennero emanati gli statuti per la comunità elvetica in Trieste.

Trieste contava 30.200 abitanti. Una popolazione formata da Tedeschi, Sloveni, Greci, Serbi e altri Balcanici e Orientali e ancora Inglesi, Olandesi e Italiani provenienti da Napoli, da Genova, da Venezia, da Livorno, dalle Marche, dalle Puglie, dalla Lombardia e, in particolare, dal Friuli e dall'Istria. Per capirsi, tutti, persino i Levantini e gli Orientali usavano la lingua cosmopolitica che, con il passare degli anni, si trasformò e diventò il *dialetto triestino*.

Nel **1799** le principesse reali di Francia, Maria Adelaide e Vittoria Luisa, zie di Luigi XVI, ripararono in Trieste, e portarono con loro il libro di latino del piccolo Luigi XVII, morto all'età di dieci anni, nel 1795, a causa delle dure condizioni di prigionia cui era stato sottoposto in Francia per oltre due anni. Le due sorelle morirono, la prima in quest'anno, l'altra nel seguente, e vennero depositate in duomo nella tomba dei Burlo.

1799 mappa dedicata al conte Pompeo Brigido

A Trieste finì la costruzione di una nuova Sinagoga, comprendente le scuole d'orazione ebraiche tedesca e spagnola, su disegno dell'architetto Balzano, padre. Era un tempio pubblico, anche in forma esterna, che ottenne la licenza di tenere oratori anche privati.

Il Canal Piccolo venne interrato per costruire la Piazza della Borsa.

Iniziò la costruzione del Palazzo Carciotti, che venne terminata nel 1805.

Si deliberò un capitolato d'asta per affidare la gestione per il mantenimento delle 530 lanterne pubbliche a 8 fiorini l'anno ciascuna. Il capitolato d'asta stabiliva che il gestore assumesse l'obbligo di *"tenere netti, riempiti di buon olio e smoccolati, almeno due volte durante la notte, tutti li ferali della città. L'illuminazione doveva essere dal primo ottobre all'ultimo di marzo sino alle 5 del mattino; negli altri mesi doveva durare dalle 7 alle 8 ore".*

Cinquantadue ditte sono iscritte alla Borsa di Trieste e circa una sessantina quelle approvate.

Piazza della Borsa e la vecchia Borsa agli inizi dell'800

E DOPO...

Agli albori dell'Ottocento Trieste contava 32.000 abitanti e, nel corso di pochi decenni, si era trasformata in una città emporiale fra le più fiorenti in Europa. Una delle più belle città dell'impero asburgico, tendenzialmente laica e borghese e, in particolare, una città altamente cosmopolita, dove si amalgamavano uomini di origini diverse ma uniti dal comune interesse commerciale.

I vecchi parrucconi delle famiglie nobili delle Tredici Casade si erano quasi estinti, rimanevano ancora alcuni rappresentanti delle sei famiglie Argento, Bonomo, Burlo, Giuliani, Leo e Petazzi.

Il porto franco aveva trasformato Trieste sia in un rifugio per chi voleva sottrarsi alla legge del proprio Paese, sia in un trampolino di lancio per coloro che avevano potenzialità economica o intellettuale da sviluppare in questa nuova parte d'Europa, ben presto conosciuta come la *Piccola Parigi,* tante erano le etnie che la formavano e la grande vitalità che vi regnava.

Fra i molti che qui avevano messo nuove radici, primeggiavano uomini della comunità greca, ebraica, tedesca e degli stati italiani. Da queste realtà emersero coloro che si possono definire come i padri dell'emporio per le loro capacità, forza di volontà e amore per la loro nuova patria: Trieste.

Tra questi nuovi triestini c'erano, oltre al ricco commerciante greco *Demetrio Carciotti*, il greco *Ciriaco Catraro,* abilissimo negli affari, che fece parte della Commissione reale per l'esame delle leggi concernenti le assicurazioni, la navigazione e i cambi. Il livornese *Matteo Giovanni Tommasini*, commerciante e finanziere di grosso spessore, iniziò la costruzione del Teatro Nuovo, ora Teatro Lirico Giuseppe Verdi, che venne ripresa, più tardi, dal siriano *Antonio Pharaon detto Cassìs,* altro ricco commerciante, che ne ultimò la costruzione.

Pietro Sartorio, che aprì una filiale per il commercio delle farine e con il ricavato riuscì ad armare una flotta di navi da carico. *Ambrogio Ralli* investì capitali e ricoprì la carica di direttore dell'Adriatico banco di Assicurazione e fu uno dei primi consiglieri delle Assicurazioni Generali. Fu, inoltre, tra i fondatori della Pia Casa dei Poveri e della Casa degli Sposi, che fece erigere a sue spese. Per i numerosi meriti e servigi resi all' Impero, ricevette il titolo di barone.

E, parlando di baroni, non possiamo dimenticare il barone *Pasquale Revoltella*, che fondò una delle più importanti case di commercio triestine. Entrato nella direzione delle Assicurazioni Generali e in quella del Lloyd Austriaco, ebbe parte importante nello sviluppo economico della città, anche grazie alle intense relazioni con l'ambiente politico dell'Impero. Partecipò attivamente alla realizzazione del canale di Suez guidando una cordata di finanziatori triestini. Morì senza eredi e lasciò le ricchezze accumulate nella sua vita alla città di Trieste, tra cui la sua villa di campagna a disposizione estiva del Primo cittadino, oggi conosciuta come Villa Revoltella e la casa di città con tutte le opere, gli arredamenti e i libri che essa conteneva, che oggi ospita la Galleria d'arte moderna del Museo Revoltella.

Al Borgo Teresiano si erano aggiunti, via via, i nuovi quartieri Franceschino e Giuseppino, che crearono una sorta di accerchiamento della desolata città vecchia, definitivamente avulsa dalla città nuova, ricca di palazzi costruiti dai più rinomati architetti. E, in tutti questi nuovi borghi era un continuo prosciugare saline e aprire strade, abbattere e ricostruire, rimodernare e allargare tant'è che, verso la metà del secolo, si iniziò l'interramento della zona paludosa dello sbocco al mare del torrente Farneto, l'attuale piazza della Libertà, dove si costruì una darsena per il traffico destinato alla ferrovia, che era in fase di allestimento.

I lavori non erano ancora finiti che la *ferrovia meridionale* - inaugurata nel 1857 alla presenza dell'Imperatore Francesco Giuseppe I - trasformò Trieste nel primo porto *ferroviario del Mediterraneo* e uno dei più dinamici del mondo.

Grazie all'ingegnoso progettista Carlo Ghega - che riuscì a domare *l'impossibile Semmering* collegando finalmente la capitale dell'Impero con il Sud (dal che ferrovia meridionale) - la ferrovia portò a un aumento vertiginoso del volume del traffico marittimo della no-

Trieste agli albori del secolo XIX

stra città, tanto da rendere necessaria la costruzione di un nuovo porto, più moderno ed efficiente.

Il nuovo porto, ultimato nel 1883, costruito con i moderni attracchi per le navi e gru per il carico e scarico nei moderni magazzini, fu detto popolarmente Porto Nuovo... oggi chiamato Porto Vecchio. Un porto che si appresta a ritrovare i vecchi sfarzi: non più come tale, ma una nuova città nella città, decisa a ritornare alla sua "epoca d'oro".

E dopo... *die Katastrophie* dell'Impero ovvero *el Ribalton* di Trieste alla fine della Grande Guerra.

E dopo oltre... ma è una storia che ve la possono raccontare in tanti, che l'hanno sentita dai loro vecchi o che l'hanno vissuta, e che ve la possono dire ancora più giusta. E allora... allora è meglio fermarsi qui.

BIBLIOGRAFIA

Aichelburg W., *K.u.K. Segelschiffe,* Verlag Öster-reich, Wien, 1996

Antonellis de Martini L., *Portofranco e comunità et-nico-religiose della Trieste settecentesca,* Milano, Giuffé, 1968

Auernheimer Raoul, *Metternich,* Ullsteinverlag, Wien, 1947

Botteri G., *Il portofranco di Trieste,* Trieste, Ed. Li-braria, 1988

Cannarella D., *Conoscere Trieste,* Trieste, ed. I. Sve-vo, 1979

Caprin G., *I nostri nonni,* Trieste, Ed. I. Svevo, 1973

Caputo F., Masiero R., *Trieste e l'impero. La forma-zione di una città europea,* Marsilio, Venezia, 1988

Crankshaw E., *Asburgo una dinastia,* Ed. Librex, Milano, 1971

Crankshaw E., *Maria Teresa,* Milano, ed. Mursia, 1982

Curiel C., *Trieste settecentesca,* Sandron, Palermo, 1922

Cusin F., *Appunti alla storia di Trieste,* Trieste, ed. Cappelli, 1930

Francescato, F., Pizzamei B., *Ipertesto sviluppato da-gli autori per conto del comune di Trieste,* www.atrieste. eu, Trieste, 1999

Fonda C., *Ocio a la jota. Storia de Trieste e de la sua cusina,* ed. Italo Svevo, Trieste, 2004

Fejto F., *Giuseppe II,* Gorizia, ed. Goriziana, 1990

Kahn A.R., *A History of the Habsburg Empire, 1526-1918,* University of California Press, 1992

Kandler P., *Codice diplomatico istriano,* Trieste, 1858

Kandler P., *Storia del Consiglio dei Patrizi di Trieste,* Trieste, ed. Tip.Lloyd Austriaco, 1878

Kandler P., (a cura di), Zorzon S., *Albo storico topografico della città e territorio di Trieste,* e. I. Svevo, 1989

Kann A. R., *Storia dell'Impero Asburgico,* Ed. Salerno, 1997

Mainati G., *Croniche ossia memorie storiche sacro profane di Trieste cominciando dall'XI secolo sino a' nostri giorni,* Venezia 1817-1819

Mainati G., *Dialoghi piacevoli in dialetto vernacolo triestino colla versione italiana,* Trieste 1828

Mahan J.A., *Maria Theresa of Austria,* New York, Crowell publishers, 1932

Morris J., *Trieste o del nessun luogo,* Milano, il Saggiatore, 2003

Pavanello R. *Il Rescritto Teresiano 13 aprile 1776 e l'abolizione dell'Intendenza Commerciale di Trieste, Note ad un'opinione del Kandler,* Dep.ne di storia patria per la Venezia Giulia, Trieste, 1975

Richer A., *Vite de' più celebri marini: vita del conte Claudio di Forbin.* vol. 4, Tomo VIII, Napoli, stamp. Tizzano, 1823

Rossetti D., *Meditazione storico-analitica sulle franchigie della Città e Portofranco di Trieste dall'anno 949 fino all'anno 1814,* Venezia, ed. Picotti, 1815

Rutteri S., *Trieste spunti dal suo passato,* Trieste, ed. Lint, 1971

Scussa V., *Storia cronografica di Trieste dalle sue origini sino all'anno 1695, cogli annali dal 1695 al 1848 del Procuratore Civico cav. Pietro dott. Kandler,* Coen, Trieste 1863

Sghedoni S., *Le Tredici Casate di Trieste*, Ed. Parnaso, Trieste, 2000

Sghedoni S., *Il Seicento a Trieste. Fasti e nefasti della Magnifica Comunità tergestina nel corso del sec. XVII,* E. Parnaso, Trieste, 2002

Szombathely de G., *Un itinerario di 2000 anni nella storia di Trieste,* Trieste, ed. I. Svevo, 1994

Tamaro A., *Storia di Trieste,* Roma, ed. A. Stock, 1924

Vidiz E., Arcon R., *Int'el satul de la storia,* Trieste ediz. Luglio, 2009

Vidiz E., *La locanda de l'omo selvatico,* Palcoscenico Triestino vol.2, Luglio Editore, Trieste, 2011

Vidiz E., *La Grande Svolta della dedizione di Trieste al Duca Leopoldo d'Austria,* in "Palcoscenico Triestino", Volume 4, Luglio Editore, Trieste, 2011

Vidiz E., *L'Imperial-Regia cucina di Trieste*, 5 Volumi, Luglio Editore, Trieste, 2018

Vidiz E., *Tergeste, dove regna la Bora,* Bora.La, Trieste, 2018

Dopo la grande recessione viene l'età dei commerci, in «la Bora», a.I, n. 1, novembre 1977

Le immagini sono tratte da:
Archivio Associazione Tredici Casade; Archivio Museo Civico di Storia ed Arte; Archivio Alfredo Spizzamiglio; Trieste di ieri e di oggi; Te son de Trieste se; Wikipedia.

RINGRAZIAMENTI

Senza il giovane editore Diego Manna questo libro non sarebbe ora, stampato, tra le vostre mani.

Quindi i primissimi ringraziamenti vanno a lui. È un uomo pieno di iniziativa e di coraggio che farà sicuramente strada. Grazie a Diego anche per aver tollerato sempre con il sorriso i miei "cambi di copione" all'ultimo minuto.

Un "angelo" di nome e di fatto è stata, per tutta la gestazione di questo libro la mia amica Angela Del Prete. La ringrazio di cuore perché con la sua presenza e pazienza mi ha spinto a continuare questo viaggio in tutti i momenti di bora scura. Dimostrando, con la sua freschezza, che l'amicizia non ha età.

Ah, l'amore, cosa ti fa fare... fa diventare correttore di bozze, redattore, e cuoco last minute un uomo rigoroso, veramente poco interessato ai fatti asburgici. Mio marito Antonio Vidiz, del quale sono orgogliosa di portare il cognome, è stato, come sempre negli ultimi 57 anni, anche questa volta la mia spalla, la mia roccia e la persona che nonostante le mie follie creative, continua ad amarmi. Grazie, amore mio.

NOTE SULL'AUTRICE

Edda Vidiz si è formata alla New York University nei primi anni Sessanta. Rientrata a Trieste, è stata coinvolta nella creazione del Centro internazionale di Fisica Teorica e, poi, quale funzionario dell'International Atomic Energy Agency di Vienna, è stata per trent'anni collaboratrice organizzativa e amministrativa del professor Paolo Budinich e del premio Nobel Abdus Salam. Concluso questo incarico si è dedicata completamente alla valorizzazione e diffusione dell'identità triestina: una "missione", fatta di piccole narrazioni per la grande storia di Trieste presentata con uno stile alla portata di tutti.

È stata la fondatrice, insieme all'indimenticabile attore Mimmo Lo Vecchio, della compagnia teatrale "La Bottega dell'Attore", con la quale ha anche adattato per la radio sessantadue commedie classiche di autori italiani e stranieri.

In qualità di autrice e organizzatrice ha collaborato con i migliori protagonisti della scena artistica triestina, allestendo con vivo successo numerosi spettacoli di prosa e di musical con vari compositori fra i quali Giorgio Argentin, Tullio Esopi e Umberto Lupi e registi quali Ugo Amodeo, Andrea Binetti, e Francesco Macedonio.

Con la sua "creatura", l'Associazione Tredici Casade ha creato un filone artistico che rende, lettori e/o spettatori, partecipi al senso profondo e vivo delle vicissitudini storiche, impossibile da cogliere nella storiografia didattica. Ha sceneggiato e diretto tre video di eventi medievali e molte grandi manifestazioni rievocative, sia a Trieste che all'estero.

Ha al suo attivo una quarantina di pubblicazioni di linguistica, storia, teatro, poesia e gastronomia sia in italiano che in dialetto. Famosa è la sua "Leggenda di Madonna Bora".

INDICE GENERALE

GLI IMPERATORI DEL SACRO ROMANO IMPERO NEL CORSO DEL SETTECENTO

IMMAGINI SALIENTI

E per di più ottanta immagini del prosieguo nello sviluppo cittadino e dei ritratti degli imperatori del Sacro Romano Impero e altri personaggi menzionati.

EDIZIONI BORA.LA

NARRATIVA
L'Osmiza sul mare (2016)
Diego Manna

La magia di Trieste (2019)
Erica Bonanni

Le disgrazie del tran de Opcina (2019)
Diego Manna

LE CICLOMALDOBRIE
Zinque bici, do veci e una galina con do teste (2012)
Diego Manna e Michele Zazzara

Polska... rivemo! (2013)
Diego Manna e Michele Zazzara

Zinque bici e un amaro Montenegro (2015)
Diego Manna

STRAFANICI
El Pedocin (2015)
Micol Brusaferro e Chiara Gelmini

Ciacole al Pedocin (2016)
Micol Brusaferro e Chiara Gelmini

Mirella Boutique (2018)
Micol Brusaferro e Chiara Gelmini

Libero libera tutti (2019)
Francesca Sarocchi e Chiara Gelmini

Inps factor - i veci de Trieste (2019)
Micol Brusaferro e Chiara Gelmini

STRUCOLETI
Sisì, Ottone e la cantina musicale (2018)
Zita Fusco e Fabrizio Di luca

TRIESTINISMI
Radiodrammi di coppia (2017)
Alessandro Mizzi

Monon Behavior (2017)
Diego Manna

Triestini e napoletani (2017)
Micol Brusaferro e Chiara Gily

L'amor al tempo del refosco (2018)
Laura Antonini e Stefano Bartoli

Tergeste, dove regna la bora (2018)
Edda Vidiz

The Origin of Nosepolis (2018)
Diego Manna

Trieste città dell'Oktoberfest (2019)
Dino Bombar

MANUALI DEL MORBIN
El libro dele risposte triestine (2017)
Andrej Prassel

Il libri des rispuestis furlanis (2018)
Felici ma furlans e Andrej Prassel

Il manuale della boba de Borgo (2019)
Flavio Furian e Massimiliano Cernecca

GIOCHI
FRICO il gioco per il dominio del Friuli Venezia Giulia (2015)
Diego Manna e Erika Ronchin

BARKOLANA (2017)
Diego Manna e Erika Ronchin

MATI PER BARKOLANA (2018)
Diego Manna e Erika Ronchin